启微

ZAIBATSU NO JIDAI

©Haruhito Takeda 1995, 2020

First published in Japan in 2020 by KADOKAWA CORPORATION, Tokyo.

Simplified Chinese translation rights arranged with KADOKAWA CORPORATION,

Tokyo through BARDON-CHINESE MEDIA AGENCY.

财阀的时代

財 閥 の 時 代

〔日〕武田晴人 著

王广涛 译

社会科学文献出版社
SOCIAL SCIENCES ACADEMIC PRESS (CHINA)

中文版自序

　　"财阀"这一说法对当前的中国读者而言或许有些生疏。但是，想必大家都听过三井、三菱、住友等名字。这些被冠以名字的经济组织，在二战前指的是具有超强影响力的企业集团。这些企业集团，在控股公司制度下发展成金字塔型的独特企业组织形态，其旗下的子公司在当时日本经济各领域中独领风骚。二战后，以美国为主的联合国占领军司令部，基于对日本进行民主化改造的原则，将"解散财阀"作为对日占领政策的重要一环。占领军司令部认为，财阀是支配战前日本大多数商工领域的大企业结合体。本书认为，直至战败后的"解散财阀"，财阀在战前的日本扮演了至关重要的角色，因而将战前的日本称为"财阀的时代"。

　　财阀能够获得如此高的地位，跟明治维新后积极推进工业化、产业化政策密切相关。受到西洋的冲击后，日本积极调整产业机构、谋求经济发展，财阀紧跟形势、灵活应对从而奠定了在日本经济史上的地位。财阀能够得到快速发展，跟自身积极调整与作为出资者的同族的关系、改善企业组织管理及启用职业经理人等措施息息相关。其中，财阀压缩对出资者的利益分配，优先将收益用于扩大再投资，从而确保了其成长所需的资金。此外，随着经营范围的扩大，财阀还采取了公开发行股票的方式从社会筹集资金。中国读者朋友如能细心阅读本书，就可以对财阀的本质有更正确的理解。

本书在日本最早出版于1995年。根据当时在东京世田谷区的市民讲座记录整理而成，所以本书的定位并非专业的研究著作，而是以更广泛的读者为对象。中文版在2020年"角川索菲亚文库"的基础上翻译而成。从1995年的初版到2020年的新版，经历了较长的时间，新版亦结合财阀研究的最新进展做了大幅度的添删修改。因此，本书反映了当前日本财阀研究的最前沿成果，自认为可以满足中国读者朋友对新知识的需求和期待。

本书中文版得以翻译出版，得益于王广涛博士的积极推介以及躬身翻译。王广涛博士对三菱财阀抱有浓厚兴趣，2019年他在访问三菱史料馆时与我有过一面之缘后就成为友人。王博士所在的复旦大学日本研究中心是中国重要的日本研究机构，我本人也曾多次拜访。有了复旦日研的这个缘分，王博士也可算是我多年的友人。2020年初，王博士就《财阀的时代》的翻译一事跟我邮件咨询，我本人自然十分荣幸能够将著作翻译成中文出版。碰巧彼时该书的新版即将付印，便建议王博士待到新版上市之后再行翻译之事。本书新版于2020年3月出版发行，王博士在不到1年的时间就完成了中文版的翻译工作。由于本书涉及近代日本经营史的专有名词，如果没有准确到位的翻译，恐怕本书无法呈现在中国读者面前。从这个角度而言，我要向在中日之间扮演桥梁作用的王博士致以衷心感谢。

一本著作完成出版的历程，离不开各位人士的支持与帮助。在此，我要感谢惠允授权的日文版出版社，以及接手中文版出版的社会科学文献出版社。感谢的最后，希望本书的出版能够为加深中日两国的相互理解做出微薄贡献。

武田晴人 谨识

2021 年 3 月

目　录

前　言

　　本书以 15 章的形式概述了近代日本财阀的历史，相当于前著《日本经济事件簿》的姊妹篇。[①]《日本经济事件簿》侧重于经济的宏观路径，本书则通过"财阀"这一微观视角进行考察。从这个意义上来讲，两本书相辅相成、路径各异。

　　本书想要厘清的是，作为近代日本经济发展的主体，以及在日本式企业类型中占据中心地位的财阀，是如何诞生并且随日本经济的发展而不断壮大的。到第二次世界大战后被迫解散，日本财阀作为"政商"从诞生到消亡大致经历了 80 年。随着时代的变迁，财阀亦做出相应的调整，但是其作为日本企业代表的地位一直没有改变。正是基于这一理由，将本书命名为《财阀的时代》。

　　当然，需要澄清的是，本书并非关于财阀的通史性著作，并没有呈现财阀史的全过程，而是以议题为中心聚焦于不同时代的财阀及其特征，并将注意力放在财阀为何成为日本特别的企业体系这一问题上，且对"同族"这一特殊的股东或控股公司的作

---

　　① 武田晴人『新版　日本経済の事件簿：開国からバブル崩壊まで』日本経済評論社、2009。（为便于阅读，本书正文在出现日文书名时，只译主书名。——编者注）

用进行概括总结。

可能有人会提出质疑，现在再来看战前的财阀究竟有何意义？在我看来，现代企业所面临的诸如股东关系的利害调整、控股公司的功能、经营者的作用等各方面问题都能够从战前日本的财阀体系中获取经验和教训。虽然我们无法直接从历史中找到合适的答案，但是财阀的历史确乎可为我们提供理解这些问题的绝好材料。读者朋友将抱何种态度阅读本书，我不得而知，唯愿以历史为素材的这本书能够为大家思考问题提供线索。

1 幕末维新的危机：富豪们的明治维新

三井、三菱、住友等曾经被称为财阀的大型企业集团，它们在二战前的日本经济活动中扮演了重要角色。本书追随财阀的发展历史，并从中思考日本经济发展的特征及日本企业的历史特质。

财阀的位置

首先我们来思考一个问题：在近代日本经济中，财阀占据多大的比重？详细的数据可参照本书第 6 章的表 6 – 4，以1896 ~ 1929 年的四个时段来比较，其中 1914 ~ 1929 年企业总资产前100 名的公司中，隶属于三大财阀的企业占比一直维持在 30% 左右。也就是说，总资产前 100 名的企业中，三井、三菱、住友三大财阀占比三成。

三大财阀支配的企业在百大企业中占比三成自然值得关注，当然也不能忽略财阀以外的企业，例如在日本产业革命中居于中心位置的棉纺织业基本上没有财阀的参与。著名的纺织公司如钟渊纺织其部分股票为三友持有，但大多数纺织公司并非财阀系统出身。此外，电力公司在一战后开始崛起，而财阀在这一产业中的影响力也比较有限。

在讨论日本的企业史或者经济发展的时候，这些非财阀系统的企业类型当然也有必要纳入讨论的框架。但是，如果不聚焦研究对象则会让话题更加复杂，所以本书只把焦点放在财阀上面。

从日本企业的角度来思考财阀确实有重要的意义。二战后的日本企业理论、经营理论中经常强调日本企业中股东的权限非常弱小。而且，日本企业中多数总经理（社长）等要职除上级指派之外，大多是从本公司人员中层层选拔晋升上来的。日本企业的经营管理高层具有员工代表的属性，相反股东的权限则被认为相对弱小。1990 年代以后，这一现象似有改观。在此之前的经营管理高层，既不是股东的代表也非他们的代理人，而是基于独自的立场管控公司的人。然而，难道说日本的企业自古以来就是股东居于弱势的吗？其实未必。

如果股东（出资者）的权限弱小的话，则很难实现对财阀系列的统一管理。为了有效管控同族出资的企业集团，出资者必须以某种方式让自己具备统管企业的能力。以财阀为中心来回顾日本企业的历史，会呈现出股东力量较为强势的企业形象。假定前述二战后日本企业的特质是正确的，那么必然在某个环节存在转折，对财阀的历史进行分析，其意义也在于寻找这一转折背后的内在逻辑。

财阀的家族、同族拥有多大的实力，或者说以控股公司为顶点的金字塔形财阀组织发挥何种功能，是本书要明确的问题。本书的论述即从上述问题开始。

何谓财阀？

本书从一开始就频繁地使用"财阀"一词，那么该如何定义"财阀"呢？这个问题很难回答。在我看来这个问题似无回答的必要，但是本书专门讨论财阀，同时财阀又是日本经营史研究领域绕不开的议题，需要对其进行澄清。

对于规范的研究而言，给研究的对象进行定义是理所当然的事情，但是财阀是一种非常暧昧模糊的表述。财阀就是媒体等领域熟谙的"大金主"，后来被应用到经营史、经济史等研究领域。作为一个日常使用的概念，无论是市井小民还是专家学者，其意识里都对财阀有一种理所当然的先入观念。当然大家的理解肯定存在偏差，最终陷入鸡同鸭讲、各说各话的怪圈。

至于"财阀"是从何时开始使用的，目前尚没有定论。有一种说法认为，山路爱山在明治末期出版的《现代金权史》一书中首先使用了"政商""财阀"等表述。但是下谷政弘指出，山路爱山并没有使用"财阀"这一表述。① "财阀"一词在媒体界固定使用是在昭和初期。一位名为高桥龟吉的经济学者在昭和初期讨论日本经济时对财阀做了相关研究。正如接下来还会提到的那样，大恐慌时代的财阀批判是这一概念在日本社会固定使用的重要契机。

所谓财阀，简单说就是"富豪"或者"有钱人"的意思。

---

① 下谷政弘「いわゆる「財閥」考」『住友史料館報』49 号、2018 年。

财阀与政商这个概念相似，如果照搬其字面意思，具有超过时间范畴的普遍意涵。本书将财阀这一概念作为表示特定时代企业特征的用语来使用。由于这一概念的由来比较模糊，为了明确本书的讨论，需要从定义着手。

例如，有"财阀史研究第一人"之称的森川英正将财阀定义为"在富豪的家族或同族的排他性支配下成立的多元事业经营体"。[①]作为对财阀的定义，他强调了"排他性支配"和"多元事业经营体"这两个要素。排他性支配是指企业的出资者集团仅限于同族或家族，即出资额的100%由这一特定集团所支配。在企业发展的初期或许谁都不愿意出资，经营者本人100%出资成立企业的案例较多，但是在企业发展壮大之后仍然不接受他人的出资，这种具有排他性支配特征的企业群就是财阀。

以三井物产为例，三井物产自明治初期成立至1942年决定出售25%的公司股份为止，三井家同族会及后来的三井合名会社一直是三井物产的全额出资方。[②]这一出资额从最初的十几万日元发展到后来的2亿日元，他人从未能控制三井物产的经营。这样不仅阻断了别人对企业说三道四的可能，也可以将企业的经济收益全部收入自己的口袋。这就是所谓的"排他性支配"，

---

① 森川英正『財閥の経営史研究』東洋経済新報社、1980。
② 1893年，三井第10代总领家（家主）三井八郎右卫门高栋着手家政改革，设置最高决议机构"三井家同族会"。1909年，为适应新形势的发展，三井成立"三井合名会社"，系日本第一家控股公司，三井物产改组为股份制公司。——译者注

日本的财阀往往以这种形式经营其子公司。

另一个元素即"多元事业经营体",是指企业的投资涉及多个产业领域。某人百分之百出资经营银行(排他性支配),但如果仅仅经营银行还称不上财阀。成为财阀的先决条件是其经营领域积极向多元化的方向扩张。以三井为例,三井旗下有三井物产、三井矿山、三井银行等涉及多个领域的企业集团。三菱也是如此,其成立初期涉足海运,而后则向造船、矿山扩展,最后将业务拓展到商社、银行等领域。当然这些都是排他性支配的经营方式。

前述森川英正的主张为经营史研究者广泛接受,这一定义也被认为是财阀的最重要特征。与森川的主张不同,安冈重明在1990年出版的著作中对财阀的定义比较有代表性。在安冈看来,"财阀是以家族或同族出资的母公司(控股公司)为核心,且母公司下属的子公司涉及多领域经营的企业集团,同时这些子公司在各自所属的产业部门中居于寡占地位"。[①] 石井宽治的定义也大致采取相同立场,即"在同族控制下且居于独占地位的多元事业经营"。[②] 我的理解跟前面两位相似。至于跟森川定义之差别在哪里,首先"同族支配"这一要素并无异议,但是并不过度强调"排他性支配"。从这一点来看我的定义要宽松。另外,在讨论"多元事业经营体"的时候,究竟是寡占还是独占值得商榷。即是否应当把"独占"纳入财阀的定义是争论焦点。后

---

① 安岡重明『財閥の経営史:人物像と戦略』社会思想社、1990。
② 石井寛治『日本の産業化と財閥』岩波書店、1992。

来，安冈接受了来自森川的批判，将"寡占"一词从财阀定义的要素中删除。

那么，我为何支持与森川相对立的观点呢？这是因为如果遵循森川的定义，则很多的企业群都可以被定义为财阀，分析的对象会扩大很多。

三井、三菱、住友等大财阀当然符合财阀的标准，但问题是满足排他性支配或封闭性支配这一条件的小企业也有很多。另外，多元化也成为重要问题。例如，既是地主又是米商的老板还放了高利贷，按此标准是财阀；大批发商在经营银行的同时还涉足工业和矿山，按此标准也是财阀。如此一来，财阀所适用的对象范围就会扩大很多。将这些规模与属性完全相异的对象纳入财阀的分析范畴，显然不利于我们展开分析和讨论。

当然，需要向读者诸君澄清的是，如我在一开始所说的那样，我并不想要在这种论争中分出个胜负，这样做也没有价值，因为论争的当事人所关注的问题领域不同。森川定义财阀的初衷在于将同族的排他性支配视为日本企业的一个重要特征来考察，并没有专注于大型企业，其实在地方也能够发现类似于三大财阀那种类型的企业群。所以他看重的是"多数的富豪采取财阀所共有的形态演变发展"。[1] 但是，正如我上文所说的那样，企业规模越小越容易满足"排他性支配"这一要件，所以我们或许可以不必拘泥于定义的形式，而将焦点放到森川定义中的"多元化"上。

---

① 森川英正『日本財閥史』教育社、1978。

对此，我的关注点在财阀之于日本经济扮演了什么样的角色。以独占性的地位为切入点或可明确我的研究议题。如果把地方上"排他性支配"的小企业也纳入分析范畴，则可能模糊论述的焦点。所以我的想法是进一步明确分析的对象，如果分析的目的有所区别，那么也没有必要围绕定义展开论争，因为对于学者来说各有其"偏好"。另外，橘川武郎在1996年出版了《日本的企业集团》一书，围绕财阀定义的论争做了详细的说明，或许值得参考。[1]

为了尽可能限定本书所讨论的范围，我以普遍不存异议的三井、三菱和住友作为财阀的代表，来讨论日本财阀的历史。下定义是为了明确分析的对象，从这个视角来看，前述安冈1990年代的定义相对合适，至少到目前还没有看到有谁将三井、三菱和住友踢出财阀的范畴。当然，在讨论的同时根据需要我还会提到安田、浅野、古河等财阀。

说到这里还有一件比较介怀的事情，我曾经向森川英正建议有必要将"独占性地位"纳入定义，森川教授的回答大致如下："如果这样定义的话，小企业肯定无法纳入，且明治时代不存在独占这一说法，明治时代的财阀也就无法成为讨论的对象，作为定义有失偏颇。"对此，我的回应是："如果要说明青蛙是什么的时候，因为蝌蚪从外形上不符合青蛙的特征，那么是否可以略过蝌蚪这一环节呢？"我想强调的是，企业的形态会因历史的发展而不断进化。当描述青蛙是什么的时候，我们的概念中只会固

---

[1]　橘川武郎『日本の企業集団：財閥との連続と断絶』有斐閣、1996。

化其成长经历的特定阶段。这里所谓的独占性，就是把四条腿的生物（蝌蚪并不具备这一特征）加入定义。如果按照森川的说法，"这种定义不包含作为蝌蚪的特征，所以不能成立"，这似乎有点太牵强了。我认为财阀作为历史性的概念，具体适用于哪一段时期只要承认那个时段的特征和差异性，倒没有必要从概念上纠结。

幕末维新的危机

一般说起财阀的时候，我们的脑海中会出现很多企业家或者企业集团的名字，其谱系大致可以分为两种类型。第一种是在明治动乱期发迹的企业，其典型如岩崎弥太郎、安田善次郎、浅野总一郎、大仓喜八郎、古河市兵卫等新兴商人势力。第二种则是在江户时期就已经积蓄雄厚财力的商人，他们在明治维新之后发展成为财阀，例如三井、住友等。从财阀成长的过程来看，二者有明显的不同。

本章先从第二种即江户时期就已经发迹的财阀说起。这些商人在江户时代成为巨贾之后就成为财阀了吗？实际上，无论是三井还是住友，在幕末维新初期都曾陷入深刻的经营危机，它们在克服了危机之后顺势成了财阀。江户时代的富豪有很多，除了三井、住友外，还有大阪的鸿池以及后来成为维新政府粮仓的小野组和岛田组。三井和住友在实力上并没有超出它们，反倒是鸿池的实力远超住友，它直到明治时代末期还是大阪财界的翘楚。但是，鸿池没有尝试多元化的经营，鸿池银行作为其主营业务，在兼并了山口银行、三十四银行之后于 1939 年重组为三和银行。

鸿池在起步阶段占据优势，但是后来逐渐被住友拉开差距。即便如此，鸿池还勉强算"优胜组"，因为同一时期还有相当多的企业最后没有存活下来。这些企业是如何度过从幕末到维新这一艰辛时期的呢？是什么让这些企业在这一转型阶段分出了优劣呢？我们接下来首先讨论这两个问题。

关键的时间节点有两个，其一是幕末维新的动乱期，其二是维新后不久的"征台之役"。幕末的危机时代总是伴随着各种政变，一般认为在维新动乱中存活下来的富商大多比较亲近倒幕派，但事实上未必尽然。例如大家比较熟悉的亲幕府的"新选组"，其活动运营的费用多是从鸿池那里筹借。[①] 像鸿池这种最初站在幕府一边的企业有很多。

这类商人中有不少在 1867~1868 年即胜利的天平即将转向的时候开始向倒幕派倾斜。当然这一时期态度暧昧的商人仍有很多，并非明确转向支持倒幕派。很多巨贾向地方大名提供贷款（俗称"大名贷"），特别是江户时代后半期，各藩财政陷入困境，便以"御用金"为名向大商人"借贷"巨额资金。这些资金滚雪球般增长之后，难以偿还借贷的案例居多，所以也很难断定这些商人幕末时站在哪一边。鸿池或许就是其中的典型案例之一。

三井或多或少也有类似的经历，但是在 1868 年 1 月的伏见鸟羽之战前后开始向倒幕派提供援助。最早接触倒幕派的并非三

---

① 石井寬治『大系日本の歴史 12』小学館、1989。

井，而是小野组，小野组的番头①西村勘六说服三井和岛田向倒幕派提供援助。或许是因为这个，小野组也成为新政府的官用粮仓。

当时三井的主营业务之一是现在三越百货店的前身吴服店，吴服店在动乱时代面临巨额赤字危机。另一项主营业务货币兑换也受到"大名贷"的影响导致资金固化、经营没有起色。从1837年到1868年的32年间，三井组共计收到14次政府为重组经营而发出的"俭约令"。②其中，1864年幕府狮子大开口，命令三井提供266万两③的巨额御用金，这让三井的经营陷入极大困境。当时三井家大元方④的总资产尚不足100万两，显然无法满足幕府的要求。三井之所以被课以重金，是因为三井经营的江户吴服店挪用政府预存的关税收入12万两，被幕府抓住了把柄。⑤这时让三井起死回生的人物是三野村利左卫门。

彼时的三野村尚不是三井人，因为与幕府要人小栗上野介私交甚笃而被三井作为与政府方交涉的中介人使用。三野村利用其

---

① 番头，近代日本商户职员中的最高职位，代替主人（所有人）主管日常经营业务，类似于现代公司制度中的总经理。——译者注
② 安冈重明『财阀の経営史：人物像と戦略』。
③ "两"为江户时期日本的计价单位，以米价换算，1两约为现在的4万日元。——译者注
④ 大元方，1710年三井家所设立的统辖三井旗下各事业的最高管理机构，类似于现代公司制中的控股公司，统辖管理下属各公司的财政、经营等领域。——译者注
⑤ 森川英正『日本财阀史』。（另，根据三井社史所述，1958年幕府同欧美五国签订《安政五国条约》之后，因通商贸易的需要，三井获准成为幕府公金御用出纳机构，三井吴服店和货币兑换店为缓和经营困难挪用了政府预存金而招致幕府的巨额惩罚。「三井の歴史」三井広報委員会、https：//www.mitsuipr.com/history/columns/040/。——译者注）

个人关系成功说服幕府同意以出资的形式，将此前三井挪用的资金（按照 10 万两计算）作为投资基金开始民间信贷业务（以商品担保的形式向市场放贷）。以此为契机，三野村帮助三井开始了"御用金减额"运动，最终政府课以三井的御用金大多数得以减免。

从上面的讨论可以看出当时三井的经营十分困难。当然，其他的商人也面临同样的问题。在戊辰战争期间，大多数商人因为提供"大名贷"导致资金紧张并最终面临经营危机。三井发掘并利用三野村等人的才能得以幸免，如果失败，恐怕三井的历史就止步于当时了。幕末维新的动荡期就是如此，一着不慎，满盘皆输，即使如江户时代的巨贾也会面临生死存亡的危机。

住友的状况或许稍微不同于三井，但在幕末维新的动乱期也遭遇了其主营业务被剥夺的危机。住友在大阪的主营业务除金融之外，还有别子铜矿的开发及铜的炼制。由于铜矿是重要的战略资源，萨摩藩在 1868 年 1 月查抄了住友在大阪的炼铜所，紧接着土佐藩查抄了别子铜矿。也就是说，住友在明治维新元年其主要业务均被倒幕派查抄。倒幕派希望通过接收铜矿的形式来巩固新政府的财政基础，但对住友而言则面临主要经营业务被剥夺的危机。

据说当时住友的番头广濑宰平做通了前来接收铜矿业务的川田小一郎（土佐藩出身，后来担任日本银行总裁）的工作，并通过他游说政府让住友得以继续经营别子铜矿。

但是对这一说法也有不同意见。住友史料馆的末冈照启指出，川田并不是以接收责任人的身份前来别子铜矿的，所以也不存在与广濑的约定。① 读者或许可以想象川田与广濑把酒言欢、情投意合并最终成功游说政府的场景，但现实稍有不同。总之，住友得以避免其事业资金被没收这一最严重事态。

"第二次危机"

在住友遭遇危机的同时，新政府将国库资金的出纳等业务委托给三井、小野、岛田三家。其中，势力最大的是小野组，三井次之，岛田最弱。小野组以日本东北为中心单独经营 26 个县的政府资金出纳业务，此外还经营在筑地新建的制丝工厂。最早涉足尾去泽等东北地区著名矿山开发的也是小野组。

政府资金出纳主要涉及国库现金的出纳和押运，得益于现金流的稳定性，这些政府手中的现金可以暂时由小野组等管控。实际上政府在支出这些资金之前还有一定的滞留期，早在江户时代这些商人就利用汇兑、出纳等交易的便利动用这类资金。在此滞留期间，其实相当于商人手里握着一笔无利息、无担保的资金。这种被称为"官公预金"的资金被小野组用来开发矿山及成立生丝工厂，并从中牟利。政府最初要求它们为各地府县提供 1 万日元的保证金便放任其流用。但是后来政府开始对这种任其自流的方式产生警惕，并于 1873 年要求商人拿出出纳预定额的 1/4 作为担保金。即使如此，这种约束机制仍然是相对缓和的。

但是，1874 年情况开始发生改变，这就是所谓的"第二次

---

① 末岡照啓「明治維新期の住友」『住友史料館報』20 号、1990 年。

危机"。当时政府内部刚刚经历了"征韩论"的讨论，主要面临的问题是"台湾出兵"及可能同清政府开战的危机。出于筹措军费的需要，政府在1874年2月要求将前述1/4的保证金提高到1/3，并最终在10月22日要求在12月15日之前将保证金额度提高到"官公预金"的百分之百。对于商家来说只有两个选择，要么在截止日期前准备好这笔资金，要么偿还不足部分的政府存款。如果是购买的公债来作为担保金，还需要商家先收回放出去的资金。对于这些政商而言，要么收回放贷出去的政府存款，要么从其他渠道筹措资金填补挪用的漏洞，而且要在两个月内完成全部操作，这是不折不扣的紧急事态。

针对政府要求提高保证金的命令，小野组和岛田组没有做出任何回应。也就是说，既没有增加保证金额度，也没有返还不足额度的政府存款，最后只得以破产收场。只有三井勉强渡过了难关，这得益于掌控政府财政大权的井上馨与三井番头私交甚好。据说因为这层关系，三井较早获悉保证金增额的情报，并在一定程度上做好了相关预案。

即使三井方面消息灵通，也架不住短期内增额三倍的紧急命令。当然，相较于岛田组和小野组的盲目放贷，三井的放贷更有原则，因而回收起来相对容易。但是，一些最新的研究发现，三井对贷款的审查也比较散漫。石井宽治的研究显示，三井也没有能够克服保证金增额的困境，不足的资金是通过向横滨的英国东洋银行（Oriental Bank）借款得以应付。[1]

日本政府在明治初期为了确保对本国经济的主导权，对外国资本的流入一直持抵制态度。在此情形下，三井能够从外国银行那里获得贷款并度过这一危机确乎幸运。虽然三井此前就跟东洋银行有业务上的联系，但是东洋银行仍然向三井收取了高额的保证金以防不测。三井在接受了上述条件后，最终获得了东洋银行100万美元的贷款。

不幸的是，两年后的1876年偿还期限到了，三井并没能偿还这笔贷款。根据1875年6月的调查，三井组的不良贷款达353万日元，把这些不良贷款计算在内，那么三井组可以说是负债累累。如果无法偿还东洋银行的贷款，那么作为抵押的三井银行的一半股份就要让渡给东洋银行。

这时力挽狂澜的还是三野村利左卫门。日本政府为应对国内一触即发的"西南战争"而将财政大权赋予大隈重信。三野村则打通了同大隈的关系。大隈接受了三井方面的融资请求。具体操作是，处于进退维谷境地的三野村与大隈交涉，说服政府同意新成立的三井物产（1876年7月）承担政府米粮的出口业务，三井可用运输等手续费偿还东洋银行的贷款。就这样，三井得以摆脱这一经营危机。

这是三井克服保证金增额危机的真相。相较于岛田和小野的放任行为，三井先是通过外国银行借款的方式延缓危机，之后则求助于政府，最终幸免于难。

其实这一时期政府的决定也有值得推敲的地方。小野、岛田和三井是政府的粮仓，政府应该能够预见到保证金增额令发出之后可能给它们带来的经营困境。那么政府着急推行这一政策背后的逻辑是什么呢？可以明确的是，政府无意摧毁小野组和岛田组。一个合理的解释是，明治政府意识到同清政府的战争一触即发，为了确保随时可以运转财政资金，即使付出一两家商户破产的代价也在所不惜。安冈重明据此推测，当时政府已着手组建国立银行，哪怕包括三井在内的政商遭到瓦解也不足为怪。在我看来，政府或许不会如此极端，但学术界确实有类似的指摘。

　　这一时期几乎没有来自民间的存款，政商从事类似于银行的借贷业务，其资金来源主要是政府的存款。一旦政府做出收回贷款的命令，无法收回的商人必然遭受破产的命运，这是"第二次危机"的本质。这种蛮横无理的操作方式也只有在那个时代才行得通。如此朝令夕改只会让商人经营的核心业务面临困境，但是对于政府而言，来自外部的战争风险才是生死存亡的危机，这种高高在上的姿态不会考虑商人的疾苦。政府动动手指，商人的经营权利和营业自由就会摇摇欲坠。在这一特有的时代背景下，即使腰缠万贯的富豪也不免为明日的生存担忧。当然，高风险也意味着高收益，如经营有方、生财有道便可以化危为机、重新出发。

2 政商的诞生：政府孕育的商机

政府在经济发展过程中所扮演的作用因时代不同而有所差异。当今已经排除了政府对企业经营管理肆意干涉的可能，但在明治初期，正如我们上一章所讨论的政府与富商之间的关系那样，并没有所谓支撑资本主义经济制度的"经营自由"。在当时政企关系的框架下，政府在经济活动中所起到的作用远远高于现在。当时，这些与政府关系密切的商人也被称为"政商"。

"政商"这一概念与"财阀"相同，最早多为媒体使用。一般来讲，政商是指那些同政治相接近并获取利益的商人。这是最容易理解，也是一个超越时空范畴的概念。本章所讨论的中心议题是作为财阀起源的政商型企业家，他们在明治初期政府所主导的殖产兴业、富国强兵等国策中，为推进日本经济社会整体的近代化及中央集权国家体制建设发挥了关键性作用。在这一特殊的时代背景下，一批被称为政商的企业家走上了历史舞台。

"政商"一词给人带来的印象往往是负面的，作为严肃的学术研究本不应该使用这种带有价值判断的表述。但是，并没有一个更中立的概念能够代替它，我们也只能使用之。但这里要声明的是，笔者并非带着价值判断来使用它。即使这些政商与政治相接近并谋取了暴利，那么问题出在谋取利益的商人身上还是出在给商人谋利空间的政府身上,这本身也是复杂的问题。要回答这一问题还得从时代的构造和特质来看,这是我们思考这一问题的出发点。

政商何以产生?

明治初期基本没有工业,民间经济活动的规模也不大。其经济的基本构造是,从农民那里收取年贡、地租,以这些资金作为原始资本用于政府推进的工业化建设,资金也顺势流入民间的经济活动。这是最大规模的资金流。当时日本人口的七八成居住在农村,以从事农业生产为生。农作物生产占国内生产总值的七成左右,如果加上以农村纺织品为代表的手工生产则可达到八成,可以说是名副其实的以农村为中心的社会。农作物生产的相当一部分以地租的形式被政府征收,无论是物品还是金钱的流通,这种经过政府掌控的体系较以往时代都大大增强。

现在,企业是生产物品的主力,以此为中心产生大量的现金流。企业收入的一部分以工资的形式返还给工人,这部分工资被工人消费后,最终又形成了企业的销售额。这种基于市场原则的流通机制,其效用要远远大于政府通过税收来调节市场的机制。

但是,在经济发展的初期阶段,政府对经济运行具有压倒性的影响力。因此政府周边有大量的物品和资金流动,在商人看来商机就在政府周边打转。政府居于经济活动的中心,很有野心的商人也将手伸到政府内部以寻求赚钱的机会。当然在此过程中不可避免产生了不正当金钱关系,这些另当别论。我们这里所要阐述的是一个以政府为中心制造商机的经济体系。

其中的典型就是上一章介绍的"官公预金"案例。通过这一方式，商人获得了经营金融业的商机。放高利贷是将自己的钱借贷出去，而吸纳他人的存款再将资金借贷出去并从中赚取差价，是银行等近代金融机构的基本特征。接收"官公预金"的商人从功能上来看十分接近近代金融机构，只是存入方是政府而已。

当时有能力存款的人少之又少，大多数人苦于高额的年贡，并无余钱用于存款，江户的市井小民有句谚语叫作"不留隔夜钱"，银行对他们来说并没有什么作用。

"官公预金"是政府把征收的税金（地租）等在一定期限内交给商人保管的形式，政府不收取商人利息。由于每年都有一定量的资金流入，所以资金的来源有保障。一些商户即使仅仅承接一个或两个县的出纳业务，如果能够接受一定额度的资金，也能够获得相当程度的收益。

这是其中的一个例子，这种形式的商机就"埋伏"在政府的周围。除了确定的"开港场"① 贸易之外，商人只要能够抓住政府周边的商机，成功的可能性就非常高，这是当时时代的特色，所以也被称为"政商的时代"。这一时期，以"年贡经济"为特征的封建性经济社会构造尚未解体。

另一个重要的问题是，商机落到了谁的手里？具有商业头脑

① 开港场，即在幕末以及明治初期以对外贸易为目的开放的港口，根据法律或条约的规定外国船只可以进入并和日本商人进行贸易。——译者注

并且资金储备较多的商人占得先机。这些商人要么在江户时代就开始经商，要么是在幕末维新的动乱期发迹。

但是，更有实力和可能性的集团——外国资本家来到了横滨和神户。这些外国人比日本人更懂得如何有效地运筹商机。为了追求商业机会而登陆的，都是具有商业头脑且具有成功可能性的外国人。不过，日本政府却采取了将这些外国投资家彻底排除的政策。

这一点跟二战后东南亚各国的经济政策有很大不同。东南亚国家在 1960 年代以后开始了优先扶植民族资本的政策，但在此之前则以经济开发为目的大量吸引国外投资和援助。结果产生了一大批与政商共生共存的外国资本家，导致这些国家财政收支不平衡等一系列问题。

明治时代的日本政府将这些潜在的外国资本家予以排除，吸收政府乳汁的经济主体仅仅限定在日本国内。因为政府的限制政策，才培育了一批被称为"政商"并后来发展成为财阀的日本企业家。

这种彻底排除外国人的政策在高岛煤矿的案例中表现得较为明显。在幕末维新初期，高岛煤矿的经营管理权一度有转让给外国人经营的哥拉巴商会①之虞。日本政府新制定了矿山相关法令（即"矿山心得书"），宣布国内矿山国有，且明确了外国人不得拥有开采权的方针，以此来阻止外国资本的入侵。最早的铁路新

---

① 哥拉巴商会是英国人托马斯·哥拉巴（Thomas Blake Glover）最早在长崎经营的商会，为日本的近代化做出了重要贡献。——译者注

桥—横滨线的铺设权也经由政府的交涉从美国人手中收回，以此为出发点，日本的铁道网建设得以展开。

如此一来，政府周围的商机在排除了外国人之后，事实上仅仅提供给日本商人，明治政府在此基础上主导并推进了政商型经济的发展。

表2-1为截至1880年前后政府支出的财政资金向民间融资的数据。政府为确立通货制度而积蓄的"准备金"被作为财政资金活用于殖产兴业政策，并向民间事业提供贷款。表2-1所示为主要的融资对象、时期及金额。其中，最大的融资对象是三菱会社，在1875~1879年共计融资近250万日元。针对法人（会社）的融资共计730多万日元，其中为支持三菱的海运事业提供的资金大约占总额度的1/3。其次是广业商会、三井物产、上毛蚕丝等以出口振兴为目的的企业。明治初期日本的贸易主要掌握在横滨、神户等地外国商馆手中。明治政府为收回贸易自主权开始培养本国的贸易商社，为奖励其同外国直接交易而提供资金支持，这是政府向广业商会、三井物产、上毛蚕丝提供融资的原因。

个人层面向五代友厚提供的融资最多，为69万多日元，主要是作为"蓼蓝染料制造会社"的创设资金来使用。排在后面的是涩泽荣一、益田孝、原善三郎等人。涩泽荣一是第一国立银行的行长，益田孝是三井物产的经营责任人，原善三郎是横滨的生丝商，对他们三人的融资共计50多万日元，主要是作为处理横滨出口过剩的蚕种资金使用。排名第三位的是萨摩出身的岛津忠义，主要以矿山开发为目的向其提供25万多日元融资。川崎八右卫门是后来创设川崎银行的"川崎财阀"创始人。田中平

表 2 - 1　准备金（财政资金）对民间的融资情况

单位：日元，%

	融资对象	年份	金额	返还率
企业	三菱会社	1875～1879	2479940	77
	广业商会	1877～1880	670000	10
	三井物产	1877～1880	625000	85
	上毛蚕丝	1881	300000	—
	合计（包括其他）		7339697	49
个人	五代友厚	1875～1877	690660	8
	涩泽、益田、原善	1876～1880	500627	37
	岛津忠义	1879、1882	251062	100
	川崎八右卫门	1876	200000	100
	田中平八	1876	180000	98
	合计（包括其他）		3199508	64

资料来源：石井寛治『日本経済史』、130 頁。

八自称"天下丝平"，是横滨的生丝商人。日本政府的资金大多向上述实业家倾斜，这是当时财政资金融资的基本状况。

表 2 - 1 中还罗列了融资的返还率。其中，只有岛津和川崎是 100% 返还融资，另外田中平八的返还率为 98%，这些作为政商知名度不太高的实业家规规矩矩地偿还了政府的融资。其他诸如三菱会社为 77%，三井物产为 85%，广业商会仅仅为 10%。个人名义中五代友厚仅偿还了 8%。这种利用"准备金"来进行的资金援助是借贷型的融资，但有相当部分的企业和个人没有足额偿还。

即使如此，对于政府而言，作为推行近代化政策的重要一环，向这些企业和个人的融资仍然必要。例如，日后成为重要贸易商的三井物产和海运业龙头的三菱会社在企业发展的早期都得益于政府的融资。政府在工业化的进程中并不能担任全部角色，所以对实施主体的民间企业进行保护并提供援助。这些接受政府援助的商人利用政府的保护和培育政策积蓄利益、拓展经营，这种政治与商人之间的利益关系得以形成。

日本政府之所以能够向商人提供融资，主要得益于前述"年贡经济"的经济结构。农民无法主导税金的征收和使用，他们所支付的税金被作为培育政商的资金来使用。这是我所理解的政商得以形成的原因，接下来我将以翔实的案例来讨论政府对政商的保护。

政府对政商的保护

政商其实有很多的案例，这里仅以后来成为财阀的其中四个政商来详细讨论。上一章所讨论过的三井，最早以接受"官公预金"的形式开始金融业务，随后从事直接出口业务的三井物产也开始接受政府保护，这两个领域是三井作为政商活动的中心。在三井的案例中，除了三井方面的努力之外，政府也有意让三井专注于金融和贸易业务，过去一直是主营业务中心的吴服店则移交给三井组内的别家管理。

三井固然是重要的案例，因为上一章对其做了较为全面的介绍，在此从略。这里主要介绍的分别是现在瑞穗银行（旧富士银行）之前身的安田、与大成建设有关联的大仓、现在基本什么遗产都没有留下的五代友厚以及我们所熟悉的三菱的案例。这四个案例有一个共同点,即他们都不是自江户时代就发迹的老牌商人。与之相对,三井则是始自江户时代的资深富豪,跟上一章所述的鸿池、小野组、岛田组相同。这里讨论的商人,如安田善次郎、大仓喜八郎、五代友厚、岩崎弥太郎等则是仅用一代人的时间就在动乱期崛起的政商。

表2-2　主要政商的活动

安田善次郎	
1863 年	26 岁独立经营换钱生意
1867 年	成为幕府御用旧金银回收商
1874 年	涉足政府"官金御用"业务
1880 年	成立安田银行
大仓喜八郎	
1854 年	18 岁在江户柴鱼片干货店务工
1857 年	独立经营干货店
1873 年	成立大仓组商会
1875 ～ 1877 年	利用"台湾出兵"、西南战争之机为政府承担兵员运送、军靴制造等业务,后承包政府土木工事
五代友厚(萨摩藩士)	
1869 年	在大阪成立金银分析所,进军矿山业(半田银山),投资染料业失败
1881 年	因官有产业变卖事件遭受牵连
岩崎弥太郎(三菱、土佐藩士)	
1870 年	成立九十九商会
1871 年	以 4 万两银收购藩营汽船
1872 年	成立三川商会
1873 年	改称三菱商会
1874 年	改称三菱蒸汽船会社
1875 年	政府发布第一命令书,政府船只无偿提供给三菱使用,并提供 25 万日元补助金

安田善次郎出生于越中的富山，父亲是一位司茶人①。在明治维新尚未开始的1863年，26岁的安田便独立经营了换钱的小店铺。这一时期各藩的货币种类不同、铜钱的价值相异，安田通过换钱铺赚取手续费起家。这种最原始的财富积累手段为他的事业赚取了第一桶金。动乱和通胀让他的财富迅速膨胀，第二年资本金就达到25两并创立了"安田屋"。1866年安田在日本桥设立主营货币兑换业务的"安田商店"，1867年因其在通货鉴定所积累的超群经验而被幕府指定为御用旧金银回收商。就这样，安田作为金融业者迅速崭露头角，到1870年其财产已经达到5000两。

安田虽说是幕府的御用商人，但并不代表他（一直）站在幕府一方。明治维新之后安田迅速向维新政府投诚。1874年岛田组和小野组破产之后，安田利用只有三井一家经营"官金御用"的空隙成功涉足这一领域，紧随时代潮流抓住新的商业机会。

安田于1880年成立安田银行。其实他在五年前的1875年就参与成立了第三国立银行，因此第三国立银行又被称为安田银行的别动队。该银行是为响应明治政府创立金融制度的号召，根据国立银行条例而成立的。后来第三国立银行成为普通银行，于大正年间被安田银行兼并，并发展成为战后的富士银行及今天著名的大银行——瑞穗银行。

安田就这样从一个小换钱商迅速成长为可以参与第三国立银

---

① 司茶人，日语为"茶坊主"，指为来客端茶倒水的侍者。——译者注

行成立的大金融家。最初根据国立银行条例成立的银行有四家，当初设想为五家，第三家因故终止。其中，第一国立银行由小野组、三井组共同成立，涩泽荣一担任总负责人。[1] 第二国立银行设在横滨，安田参与设立的第三国立银行于1876年10月开张，第四国立银行由新潟县知名大地主出资筹建。从1863年到1875年的12年间，安田以惊人的业绩一举成为金融业界的代表人物。不过安田后来因为金钱借贷问题遭受"恶评"，并于1921年被右翼国粹主义者刺杀。

安田善次郎开展事业的特征是以"金钱"为中心抓住商机，在向政府靠近的同时将重点放在了银行业。当然，除安田之外还有浅野总一郎等实力派银行业者，不过安田的最主要特色还在于将事业重心放在银行，并辅之以生命保险、一般保险等，凭借金融业发展成为大财阀。

大仓喜八郎也有着复杂的经历，据说他是越后新发田（今新潟县新发田市）名主之后。1854年，18岁的大仓来到江户，在商人家以住家学徒的身份打工。虽然说是名主之后，可见其经济条件并不宽裕。大约三年之后开始独立经营干货店，1865年成立大仓火器店。如果说安田是靠经营"金钱"生意起家，那么大仓可以说是靠经营"物品"生意起家。大仓经营的重大商机出现在1875～1877年。大仓在1873年成立大仓组商会，正好赶上明治政府的"台湾出兵"和"西南战争"，大仓组商会在其

---

① 日文原文为"总监役"，或可理解为总负责人、总经理，当时的行长（头取）为三井组三井八郎右卫门高福和小野组小野善助。——译者注

中扮演了重要角色。他充分发挥商人的头脑,承担了兵员、粮草、弹药运输等业务。大仓知道这些业务不仅仅涉及"物品",还关涉"人力",凭借其拔群的才能在明治政府的战争中圆满完成了政府委托的任务,并积蓄了巨额的利益。在戊辰战争中因为向新政府军出售弹药而被"彰义队"①批判的大仓,直言"我是商人,在商言商",据说后来也接受了"彰义队"的军事订货。

大仓并非一味专营生意,1872年还曾经游历欧美各国。至于是刻意安排还是偶然遇见我们并不知晓,他在游历途中遇到了岩仓使节团,这成为他跟新政府接近的契机。在我看来刻意制造的成分居多,大家可以设想一下,如果是在国内某个地方遇到或许并没有什么反应,但是换作在纽约遇到一位日本人可能就是不一样的感觉了。这种制造偶遇的成本相当高,不过大仓见到了岩仓使节团的岩仓具视、大久保利通等人,凭借这层关系大仓得以在"台湾出兵"和"西南战争"中扩大经营范围。当然,战争只是一时的行为,大仓借此开始了拓展其他业务的尝试。

第一个尝试是对外贸易业务。随着贸易业务的扩大,大仓成立了大仓商事,后来和三井物产一并成为明治后半期对华贸易业务的支柱商社。大仓的贸易活动遵循政商的逻辑,据说日本政府向中国提供借款时总会有大仓商事居中斡旋。

此外,大仓还充分发挥其动员人的能力,向土木建筑业进军。极端一点说,此时期即使没有技术,只要能募集到人,就可

---

① 彰义队是1868年由涩泽成一郎、天野八郎等人成立的拥护幕府的组织,后由幕府委任维护江户城的治安,在上野战争中败于新政府军而解散。——译者注

以在土木工程领域大展身手。大仓与该领域的竞争对手藤田传三郎（本书第 3 章详述）合作成立了名为"日本土木"的公司。该公司最初计划以垄断的形式承包政府工程，但是后来政府颁布会计法，所有工程都需经过招标竞拍，这让他们独揽政府工程的计划被打乱。① 最终，藤田进军矿山开采业，大仓则继续坚守土木建设，并单独成立"大仓土木"。这就是现在大成建设公司的前身。关于大仓喜八郎的事迹，他出资筹建的东京经济大学（当时名为"大仓商业学校"）编辑了一套资料，值得参考阅读。②

五代友厚有着非常传奇的经历。他是萨摩藩出身的藩士，曾作为萨摩藩遣英使节团的一员赴英国考察。五代作为会计在萨摩藩内发挥才能的同时，还同西乡隆盛、大久保利通等人一同参与了倒幕运动。五代是一个聪明人，明治维新伊始他就辞掉官职，并于 1869 年在大阪成立了金银分析所，以提炼旧币中的金银聚敛了财富，之后又向矿业进军，可以说是在相当早的时期就成了成功的政商。

五代在矿业主要经营福岛县的半田矿山等，其规模在东北地区可与小野组的矿山相匹敌。就矿产品生产量来看，1877 年位列日本第一位的是住友，五代紧随其后居于第二位。可以说五代仅仅用了七八年的时间就追上了有着两百多年矿山经营史的住友。

后来五代涉足纺织业，为对抗从外国进口的染料，五代制定

① 武田晴人『談合の経済学：日本的調整システムの歴史と論理』集英社、1994。
② 東京経済大学資料委員会『改訂版　大倉喜八郎かく語りき』日本経済評論社、2018。

了在日本制造优质染料的计划，但是出师不利。日本的纺织业在当时的工业生产体系中占据重要的位置，如果根据需求提升印染技术确实能够获得成功。但是，五代生产的染料从技术上难以对抗洋货，同时又因价格较高导致其销路受阻。表2-1所示政府提供给五代的财政融资主要是用在染料制造这一领域。可以看出政府也很重视这一事业，不料却以失败告终。五代涉足纺织染料或许有些盲目，但是接下来这件妄图起死回生的挑战给他本人以及明治政府带来了大转折。

这就是发生在1881年的"官有产业变卖事件"。由于明治政府此前已经制定变卖官有产业的方针，北海道开拓使黑田清隆便计划将北海道的官有产业变卖给民间。但是，这一变卖方针遭到了自由民权运动人士的强力批判，其理由是官产变卖在他们看来就是政府的政商保护政策（官商勾结）。自由民权运动发展成为批判"藩阀政府"的反政府运动。与此同时，政府内部的伊藤博文、山县有朋、井上馨等人也虎视眈眈，妄图以此为契机将政府的主导权从大隈重信手中夺回。针对北海道的官有产业变卖一事，政府内外一致认为是明确的违法行为，最终变卖一事被迫中止，伊藤、井上等人趁机将大隈赶出政府。①

这是明治政治史上非常重要的转折性事件。事件背后也有五代友厚活动的痕迹。五代希望从北海道开拓使那里廉价收购官有产业，不料官有产业变卖一事被迫中止，继染料事业投资失败之后再遇重大挫折。后来直到1885年病逝，五代虽然身兼大阪商

① 武田晴人『新版 日本経済の事件簿：開国からバブル崩壊まで』。

法会议所会长一职，继续发挥其影响力，但是五代家的事业在他这一代戛然而止，没有留下值得称道的产业。

岩崎弥太郎（三菱）是最后一个案例，也是最成功的一个案例。我曾经写过一本有关岩崎弥太郎的短篇传记，而岩崎就是三菱财阀的奠基人。[①] 作为土佐藩地下浪人出身的岩崎，在30年不到的时间内成长为日本一流的企业家。

岩崎的发迹得益于土佐藩后藤象二郎的提携。岩崎是土佐藩商会的中坚力量，该商会因坂本龙马的建议而积极开展海外贸易。岩崎在此期间积累了海运业及贸易活动的经验。明治维新之后藩营海运业难以为继，岩崎便成立了新的商会。新商会的名称为九十九商会，岩崎以非常有利的条件继承了藩营的海运事业。例如，在1871年藩营汽船变卖一事中，土佐藩将估价约25.5万美元（两）的两艘汽船以4万两（也就是1/6不到的价格）卖给了九十九商会。九十九商会1872年改称三川商会，1873年又改称三菱商会。1872年三川商会成立时，岩崎并非负责人，而是以旧土佐藩士石川七财、川田小一郎、中川龟之助（三人姓氏中各有一个"川"字）的名义成立。其原因在于，岩崎弥太郎有意在明治政府中谋求一官半职。1873年改称为三菱商会则表明其终于决定投身商场、远离政治。

1874年，三菱商会将本部从大阪迁到东京，名称也改为"三菱蒸汽船会社"，并利用"台湾出兵"之机营运政府所购外

---

① 武田晴人『岩崎弥太郎：商会之实八一家之事业ナリ』ミネルヴァ書房、2011。

国汽船，作为海运业者展现了不俗的实力。

其实明治政府最初计划将"台湾出兵"所需运输业务委托给三井等资深海运业者，在遭到拒绝后才委托给三菱。对于岩崎来说这是可遇而不可求的机会。大久保利通看到了岩崎出色的业绩后，顺势将"海运保护"作为殖产兴业、富国强兵的政策课题之一提上政府议事日程。针对日本的海运业，大久保在提案中列出了放任、补助和官营三个选择项。以当代的视角，民营化理应是首选，然而在当时看来放任民间自营只会让其在同外国轮船公司的竞争中败下阵来。但是政府自身财政拮据，完全官办也不现实。大久保虽然列出了三个选项，但他心里已经有了答案，那就是施行向民间运输会社提供补助，并予以保护培育的政策。

就这样大久保说服其他阁僚并通过了海运业保护政策。三菱顺理成章成为海运业保护的对象。政府对三菱的保护事项具体有：政府将所购入的十几艘外国汽船无偿借贷给三菱营运，且每年提供25万日元的补助金。此外，政府还为三菱的海运业投入了巨额财政资金。如表2-1所示，明治政府向三菱财政融资近250万日元，而三菱只偿还了融资额的77%。另外，政府在发出"海运保护"的第一命令书中向三菱提供了60万日元，最终三菱仅返还了37万日元便以"依合同约定完成偿还"而告终。

为何只偿还了六成多就被贴上"已还清"的标签呢？这是因为根据当时的计算方法，分期付款的借贷如能够在还款期限前完成还款，连本带利只要达到原借款金额即可视为全额还款成功。以2500万日元的住房贷款为例，假设还款期为20年，利息为2000万日元，如能很快还款的话，则只需要偿还2000万日元利息加上500万日元本金即可。这种还款方式确实难以置信，但在那个时代是事实。

这种还款方式被称为"打包还款法"或"本利通算还款法"，① 在当时是比较普遍的还款方式。由于政府认可这种还款方式，这也让针对民间的融资超出了"融资"的范畴，从而发挥了事实上的"补助金"功能。

三菱凭借这种"补助金"从政府那里获得了巨额资金援助。特别是在"西南战争"中三菱负责政府军粮运输期间，这笔补助金让三菱的事业实现了质的飞跃。例如，在"西南战争"开始的1877年，三菱向政府借购船款80万美元，以政府"御用"的名义当年就获利171万日元。由于获利颇丰，三菱从政府那里借贷的132万日元购船资金于1885年以63万日元的金额返还并被视为"还清"。

就这样，三菱靠着政府的巨额财政资金迅速拓展海运事业。这是三菱被认为是政商的理由，当然其政商活动未能持久。与前述五代友厚所牵涉的官有产业变卖事件同期，大隈重信与三菱的关系，或者说日本政府与邮便汽船三菱会社的关系亦遭到舆论批评。"明治十四年政变"② 之后，政府为对抗三菱出资成立了名为"共同运输"的海运会社，两家公司进入了激烈的竞争对立期。以"反大隈派"为中心的新政权对三菱态度冷漠。此外，

① 日文原文为"たたみあげ返納法""利引一時上納法"。——译者注
② 即前述伊藤博文等人将大隈重信赶出政府的1881年（明治十四年）政变。——译者注

政变后担任大藏卿的松方正义因财政紧缩政策导致经济下滑，市场对海运的需求也随之下降，三菱的经营面临困难。而与共同运输会社的竞争则让三菱的经营雪上加霜。

政府调整保护政策是在 1880 年以后的事情。在此之前，日本政府一直厉行彻底的保护政策，从而创造了大量的商业机会并润泽了一批有特殊关系的商人。这些商人近水楼台掠获了丰厚的利益，政商的时代由此诞生。

3　政商的资金源：事业与资金的际遇

俗话说"有钱能使鬼推磨"。本章所要讨论的是明治初期政商筹措资金的方式。三井、鸿池等发迹于江户时代的商家有一定的资本积累，其品牌也有相当的知名度。但是古河市兵卫、藤田传三郎等人则是白手起家，并且在他们那一代就积累了万贯家财。其背后没有强有力的支援恐怕难以取得成功，本章以几个具体的案例进行考察。

企业家与资金的际遇

古河市兵卫曾担任小野组的番头，1874 年小野组因为前述政府保证金增额令而破产，他作为番头失业后身无分文。他唯一的财产是作为企业家的欲望和经验。但是，要发挥其经营之所长，必须得有资金支持。只有遇到能够提供资金的人，才可能成就一番事业。

在那个混乱时代能够抓住商机的往往是有经验的商人。安田善次郎和古河市兵卫就是这样嗅觉灵敏的人，但是他们并没有充足的资金。明治政府在推动了一项名为"秩禄处分"的改革政策后，多数旧大名（即后来的华族）拥有了充裕的资金。明治维新并没有推行诸如法国大革命中将旧领主送上断头台那样激进的政策，而是逐步改革他们的俸禄制度，以发行公债的方式来补偿其俸禄。大名和士族手里握着政府的公债，相当于拥有高额的资金和资产。

公债这种债券一旦遭遇通胀之后便会贬值，只有灵活使用才能保值增值。但是，旧领主中有生意头脑的不多。这就导致有钱人不会做生意、会做生意的人没有钱的状况。若要成就一番事业，就需要将二者有效结合。在当今社会，企业或可发行股票，或可向银行借贷来筹集必需的资金，但是在当时行不通。当时更看重商人个人的信用。血缘、同乡等关系更加重要，商人也大多通过这些途径获得资金支持。

因为有钱被认可为成功人士的固然不少，因为成功才有钱的人士或许更为人们所关注。本章所要列举的就是这些最初身无分文，全凭借一己之力筹集资金，并最终获得成功的商人。

古河市兵卫的金主

古河市兵卫是现在古河集团的创始人，近江①出生，学徒出身的他在辗转了几个商家之后加入小野组。因在小野组能力出众而得到重用，明治初期成为小野组的大番头，掌控小野组东半部分即关东至东北地区的事业。

---

① 近江为旧律令制国名，相当于今滋贺县，不过实际上古河市兵卫出生于京都冈崎地区，此处疑为作者笔误。——译者注

虽然他本人很勤奋，但是小野组受到本书第 1 章所述 1874 年保证金增额令的影响而最终破产。古河市兵卫本人也涉足高风险的领域，明治初期他投资东北地区的矿山业并获得丰厚利益。另外，小野组本家不顾政府的禁令，从事投机性的生丝交易也赚了一大笔财富。但是，小野组在破产之后因为财务整顿的关系，其资产全部被政府作为抵押收回，据说古河市兵卫的个人资产在这场危机中也未能幸免，作为偿还债务的资金被政府强征。

当时担任第一国立银行行长的涩泽荣一敬佩其高风亮节，积极帮助古河市兵卫东山再起。古河市兵卫是在 34 岁这一年独立起家的，作为企业家来说已经过了黄金年龄，但是他凭借超凡的能力最终获得了"铜矿王"的称号。

古河市兵卫东山再起的途径跟他的前东家小野组有着深刻的关联。小野组破产的第二年即 1875 年，当时新潟县有一处名为草仓的富矿作为小野组破产清算的处分财产予以变卖，古河市兵卫将目光聚焦到了这处矿山上。当时，陆奥中村藩相马家借给小野组 3 万两银（即 3 万日元）。小野组破产之后这笔借款的回收遇到障碍，根据 1875 年大藏省所做的债务清算，相马家只获得了相当于本金七成（2.2 万日元）的还款。这时古河市兵卫找到了相马家，说服他们将得到的这笔还款购买草仓矿山。他保证届时将相马家最初借给小野组的 3 万日元足额偿还。

相马家正在因为这笔本金七成的还款而沮丧之时，古河市兵卫的提议让他们为之一振。古河市兵卫交涉的对象是相马家的大管家志贺直道（作家志贺直哉的父亲），二人基于上述条件达成共识，促成了相马家的这笔交易。但是相马家也很慎重，声称并未购买铜矿，而是将上面的 2.2 万日元借给古河市兵卫并由其购买草仓矿山。也就是说，相马家是将小野组破产后债务整理所获的资金借给了古河市兵卫，寄希望于在他获得收益的基础上，收回当初借给小野组的本金。

相马家之所以愿意积极回应古河市兵卫的提案，其实是有理由的。小野组与相马家渊源颇深，明治维新以后两家关系日趋亲密。小野组承担了相马家年贡米的零售业务，这一业务联系大概维持了六七年。古河市兵卫正是主管小野组东北地方事业的番头，因此与相马家可以说是旧交。出于对小野组的信赖，相马家将所存的旧金银等 3 万两投资给小野组。其目的是希望能够从这笔投资中获得收益。至于这笔钱投出去之后是否有收益我们不得而知，但两家之间的信赖关系是确凿无疑的。两家的信赖关系和回收本金的动机，促成了相马家借钱给古河市兵卫购买铜矿一事。

古河市兵卫在小野组濒临破产的时候将私人财产也拿来清偿小野组的债务，所以最后落得身无分文的境地。好在他有生丝贸易和矿山经营的经验，有了丰富的经验和较强的能力，剩下只需要寻找金主来支持其事业了。说来也是凑巧，古河市兵卫开发的草仓矿山获得了成功。

后来古河市兵卫趁势收购了幸生铜矿，但经济效益不大理想、难谓成功。这时他采取相同的方式从高松藩松平家借款 3.8 万日元投资幸生铜矿。高松的松平家曾向小野组借款 73600 日元，在当时这是一笔高额的借贷。明治维新之后，地方大名与商人之间的借贷关系发生了逆转，大名将富余的资金放到了商人那里进行投资。这些富余资金大多是年贡米的剩余资金。但是如松平家那样，本想将富余资金放到小野组获取投资收益，却遭遇破产的悲剧，导致资金回收遇到困难。

高松藩位于四国岛上，与以东日本为经营地盘的古河市兵卫关系不甚明了，但是筹资参照相马家的前例进行。当松平家获悉只能从破产的小野组拿到 3.8 万日元破产处分金时，松平家便承诺将这笔资金作为收购幸生铜矿的资金，供古河市兵卫全权处理。

相马家借给小野组 3 万日元，回收 2.2 万日元，松平家借给小野组 7.6 万日元，却只回收 3.8 万日元，产生这种回收差距的理由不得而知。或许是松平家不良债权过多的缘故。总之，古河市兵卫以小野组的破产为契机，将债权者手中的资金用来投资矿山开发。对此，相马家内有人认为此种方法有风险，于是在 1876 年末从古河市兵卫处全部收回了借款。这时，古河市兵卫从涩泽荣一的第一国立银行那里借款偿还了相马家的债务。毕竟，一年时间凭自己的实力难以偿还这笔资金。

另外，最成功的足尾铜矿并购案例也是采取同样方法处理的。

足尾是与小野组没有任何联系的铜矿。草仓铜矿投资经营的成功实践，坚定了古河市兵卫向旧大名家筹措资金这一商业模式的信念。1877 年他不顾周边亲信的反对执意收购了足尾铜矿。相马家与他对半出资，并成立经营组合，开始了足尾铜矿的开采工作。根据约定，相马家可以获得其中收益的一半，但是不插手矿山经营的具体业务，既不背负义务也不承担责任。赢利则分红，不赢利至少可以保本，这是相马家进行融资的条件，也就是说所有的风险由古河市兵卫承担。

不过，足尾铜矿的开采事业并不顺利，特别是在初期阶段步履维艰，开始赢利则是在1884～1885年。庆幸的是，这一时期草仓铜矿开采事业赢利颇多，市兵卫便用从草仓铜矿获得的收益来填补足尾铜矿的亏空，即使如此仍然入不敷出。1880年，古河市兵卫邀请涩泽荣一加入，至此足尾铜矿成为三家共同出资的事业组合。当时的合同书显示，涩泽荣一保证第一国立银行以2万日元为限度，提供运转资金。因为有涩泽荣一的担保，第一国立银行以2万日元为最高限额开设了足尾铜矿的临时提款账户。这2万日元可以看作涩泽荣一的出资额，这样三人组合成立，足尾铜矿的开采事业得以延续。

大概到了1884～1885年，足尾铜矿发现了优良的矿脉，产量随之迅速增加。古河市兵卫在1886～1888年相继收回了相马家和涩泽荣一的股权，将铜矿的经营置于他一人掌握之下。回收股权的过程中可以明显发现"士人做生意"与"商人做生意"之间的区别。1886年，相马家以12万日元的价格将股权出售给古河市兵卫，这价格对相马家来说绝不是赔本的买卖(表3-1)。

相马家针对足尾铜矿的出资额是2.4万日元。据不完全统计，1882～1885年相马家获得投资分红约4万日元，由于1882年之前铜矿经营并未产生实际效益，我们的推算跟实际情况相比或许差别不大。此外，相马家将2.4万日元的原始出资股以12万日元的价格卖给了古河市兵卫，获得了4倍的收益。扣除原始本金之后，这十年间相马家从古河市兵卫的经营中获利13.6万日元。

表 3 - 1　企业家与资金（古河市兵卫的案例）

1874 年	小野组破产
1875 年	从陆奥中村藩相马家借得小野组破产处分金 2.2 万日元,购买草仓铜矿
1876 年	从高松藩松平家借得小野组破产处分金 3.8 万日元,购买幸生铜矿
1877 年	古河、相马家以对半出资(总额为 4.8 万日元)的形式购买足尾铜矿
1880 年	涩泽荣一参股足尾铜矿,第一国立银行以 2 万日元为限额向足尾铜矿提供融资
1886 年	古河市兵卫以 12 万日元回收相马家所持股份 　相马家出资　　　　　2.4 万日元 　1882 ~ 1885 年分红　大约 4 万日元 　售出股份额　　　　　12 万日元 　差额　　　　　　　　净赚 13.6 万日元
1888 年	古河市兵卫以 40 万日元回收涩泽荣一所持股份 　涩泽出资　　　　　　2 万日元 　1881 ~ 1887 年分红　18.5 万日元 　售出股份额　　　　　40 万日元 　差额　　　　　　　　净赚 56.5 万日元

资料来源：日本经营史研究所编『創業 100 年史』古河鉱業、1976。

涩泽荣一是在两年后的 1888 年将所持股份出售给了古河市兵卫。涩泽荣一出资额跟相马家大致相同。或许也跟古河与涩泽的个人关系有关，外加上足尾铜矿产量激增，收购价格在这两年间暴涨至 40 万元，而且涩泽在 1881 ~ 1887 年共计获得分红 18.5万日元。扣除最初出资的 2 万日元，涩泽从古河的铜矿经营中获利 56.5 万日元。从时间上来看，涩泽是后来者，但是其收益远远高于相马家。这里也可以看出士人与商人在经济头脑上的差别。

在此期间古河市兵卫抓住了稳定赢利的绝好时机。古河与当时在横滨的英国商馆怡和洋行（Jardine Matheson）签订了铜产品长期供应协议，确保了稳定的出口对象。这是他有能力回收股权的原因之一。

就这样，古河市兵卫在 1875～1887 年，利用旧大名以及其在小野组时代建立的私人关系获得了经营资金。其中也有从第一国立银行获得的资金，但也不是按照现代借贷审查的模式，而是凭借涩泽荣一与古河市兵卫两人建立起来的信赖关系获得的。总的来说，个人信用是基础。

在足尾铜矿的开发中，古河市兵卫也是出资人，但是在最早的草仓铜矿开发中，他的出资额为零，却是草仓铜矿的持有人和责任人。这是因为相马家以古河市兵卫的个人信用为基础，将资金借给了他。由于古河市兵卫是通过借款的形式进行投资，所以无论是经营权还是所有权都在自己手中。钱并不是借给了企业，而是借给了个人，这种以个人信用来获得融资的方式所导致的直接结果就是借款方无权干涉企业的经营。但是在足尾铜矿的案例中，最初是相马家与古河市兵卫二人，之后涩泽荣一参股这种共同出资的形式，跟足尾铜矿的案例有着明显的差异。最后，古河市兵卫以收回股权的形式将足尾铜矿的经营归结于他一人之手，可谓殊途同归。

在古河市兵卫的投资经营中，作为金主出资的大名也没有亏损。高松藩松平家的投资尚没有找到可以佐证的资料，其出资给古河市兵卫经营的幸生铜矿难谓成功。不过草仓和足尾相继获得了成功，这至少能够保证偿还松平家的本金。不承担风险责任却能够获得巨额利益，对于已经成为华族的旧大名而言，这种融资方式也是他们乐意为之的。

当然，也有遭遇挫折的投资。至少从出资到赢利花费了相当长的周期，这就是我们接下来要介绍的藤田组案例。

藤田组与毛利家

藤田组是藤田家三兄弟即藤田鹿太郎、久原庄三郎（过继给久原家做养子）、藤田传三郎1881年共同出资成立的组合。他们出生于长州藩，跟同为长州藩出身的明治新政府成员井上馨、伊藤博文是故交。藤田传三郎是经营的主力，在藤田组成立之前曾经干过不少冒险的营生。据说他与井上馨合谋制造假钞，败露之后曾遭受牢狱之灾。假钞事件的真相如何我们并不清楚，从其过往经历来看确实值得怀疑。井上馨动用政治力量，最终将藤田传三郎无罪释放。从这里也可以嗅到政商之间相互勾结、沆瀣一气的铜臭味。藤田组成立之初，除了跟上一章所述大仓喜八郎共同从事土木事业之外，1884年他们还收购了当时日本著名的银矿——小坂矿山，以此为契机进军矿山开采业。

藤田组成立之初资本金只有6万日元，但是收购小坂矿山的费用需20万日元，再加上半成品、成品等其他配套设施共计约27万日元。藤田组并没有足够的资金来购买并支持其日常的运营。虽然收购费用可以分期付款的方式处理，但是为解决因为收购所面临的资金周转困难，仍然需要寻找金主来赞助。据说居中斡旋的正是井上馨，井上曾建议"如需帮助可找毛利家"，正是利用他们长州藩同乡出身的关系。

大约在 1885 年，毛利家考虑到资产运用事宜成立"毛利家资产部"。藤田组与毛利家资产部交涉之后获得 20 万日元的巨额融资。结果藤田组的经营状况持续低迷，这笔借贷滚雪球似的增加。在毛利家看来这笔借贷潜藏着无限危机，虽然结果实现了大逆转。毛利家所提出的借款条件如表 3 - 2 所示，以小坂矿山作为抵押，年利率为 7.5%。乍一看非常符合现代的借贷方式，但实际并非如此。其实从最初的第一笔资金开始，毛利家就没有对藤田组给予充分的信任。所以作为借贷的条件，在合同上还追加了一系列条件。例如，其中的第六条为：

贷款期间，每一年度的决算报告实施前需要向毛利家汇报，并接受其充分的调查。且在日常经营不力或者毛利家在业务上提出异议时，双方应该达成协议并尊重毛利家的指示，藤田组不得对此拒绝。

也就是说藤田组受限于毛利家对经营业务的指导和指示，无法自由地贯彻其经营发展理念。毛利家的要求还不止于此，例如合同的第九条规定，为贯彻合同诸项方针，毛利家可选派一名人员作为业务监督，来监管借贷期间藤田组经营上的所作所为，且藤田组需尊重监督的意见。基于现代的逻辑来理解，借款方在借贷期间需要派人监督钱款的使用以及业务的运营。更加苛刻的是，藤田组不仅要听从监督的意见，还要负担监督的工资。

此外，毛利家还要求藤田组的三名出资人额外提交一份"誓约书"，在这份誓约书中藤田组三兄弟要遵守的约定十分严格。如表 3-2 所示，除了在经营领域禁止投机倒把之外，对其家庭建筑物的改建修缮、生活用品的购买、涉及金钱的社交行为，甚至人员的削减等都被列入誓约的范围。

表 3-2　企业家与资金（藤田组的案例）

1881 年	藤田组成立（藤田鹿太郎、久原庄三郎、藤田传三郎）
1884 年	收购小坂矿山（官产变卖、收购费 20 万日元）
1885 年	以小坂矿山为抵押向毛利家借款 20 万日元,5 年期利率为 7.5%
1891 年	毛利家追加融资 5 万日元 第二次融资 15 万日元,累计借款额为 40 万日元,10 年期利率为 6.5%
1896 年	甲午战争后陷入经营恐慌,且投资股票失败 第三次融资（1896~1898）超 56 万日元,累计超过 100 万日元 →毛利家以放弃小坂矿山且专营儿岛湾开拓为条件进行融资 其后以开拓事业为目的追加融资 及至 1903 年累计获得融资达 180 万日元

誓约书（1885 年）
严禁投机倒把
谨慎建筑私宅以及购买不必要、非急需物品
尽可能削减涉及金钱的交际
尽可能削减人员

资料来源：武田晴人「明治前期の藤田組と毛利家融資」『経済学論集』48 卷 3 号、1982 年。

当然，跟此后毛利家的要求相比，这份最初的誓约书算是客气的了，至少对经营领域涉足不多。藤田组通过毛利家的融资解决了资金困难的问题，并且将资金注入小坂矿山的开采事业。不巧的是，当时全球银价大跌，其经营并没有像古河的足尾铜矿那么顺利，最终小坂矿山入不敷出。受此影响，藤田组从毛利家所借款项在五年内未偿还一文，传三郎不得不破坏当初的约定涉足股市，因为藤田组在1890年已经濒临破产。

1891年1月，藤田组反向要求毛利家追加融资5万日元。之后不久的4月，藤田组以经营重组为由再次要求毛利家第二次融资15万日元，这样毛利家的出资额达到40万日元。贷款利率和还款条件相较于第一次有所降低，利率为6.5%，10年分期付款，两年后开始还款。由于第一次融资的20万日元一个子儿都没还，这次又追加了20万日元融资，这最终惹恼了毛利家，为此要求藤田组对其经营管理进行彻底改革。

毛利家特别强调的是"家计与经营的分离"。要求藤田家将日常生活使用的资金与经营事业使用的资金做出明确的区分，同时家庭生活应厉行节俭。毛利家提出的条件涉及衣食住行等日常生活全部领域。例如，要求鹿太郎、庄三郎、传三郎三家设定每月生活费限额、主妇制定家庭账簿、不买古董字画、除珍品以外全部变卖、不得修缮房屋和庭院等。如果仅限如上事项，毛利家的要求尚可理解，但是，接下来的条件就有点不近人情了。例如，第五个条件是"外出以外场合需着棉料服装"，"今后五年之内，无论流行与否，皆不得购买丝质衣物"；第六个条件是"不得进出剧院以及游山玩水赏花""不得外借钱财以及捐赠""不得以赠答回礼为由购买新物""饮食以有无营养为基准，不得食用山珍海味"。此外诸如"非急勿用人力车"等涉及日常生活诸多领域的要求悉数由毛利家提出。毛利家之所以会提出如此严格的条件，藤田家出了名的铺张浪费也是一因。据说藤田传三郎在浪费问题上一点也不逊色于其营商的才能。

毛利家本希望通过第二轮融资能够让藤田组顺利重建，不料小坂矿山的经营仍然没有任何起色。及至 1895 年已经到了除关门之外别无选择的境地。屋漏偏逢连夜雨，传三郎本想着利用甲午战争后日本国内的股票投资热挽回局面，不料也以失败告终。走投无路的藤田组再次向毛利家寻求资助。

毛利家于 1896～1898 年向藤田组提供了约 56 万日元的第三次融资。这样加上前两次共计 40 万日元的融资，藤田组向毛利家借款总额接近 100 万日元。对于毛利家而言，也不愿意让此前的融资打水漂，所以只好硬着头皮接受藤田组的请求。

毛利家提供第三次融资的前提是对藤田组整体的经营领域进行调整，即撤出矿山开采领域，将重心放在儿岛湾开拓事业上。藤田组此前曾跟大仓组在土木建筑领域有过合作的经验，彼时利用政府官有产业变卖之机开始了冈山县儿岛湾开拓事业。毛利家认为该事业或有利可图，计划将开拓整顿的农地租借给自耕农，租金用来偿还毛利家的融资。矿山开采的收益不确定性较多，而自耕农的租金则相对稳定，这是毛利家考虑问题的出发点。毛利家以专营儿岛湾开拓为条件同意继续向藤田组追加融资。事业转型并非易事，启动以及运营资金所费颇多，到 1903 年毛利家再次追加 80 万日元融资，这样藤田组从毛利家的借款已经达到 180 万日元。

毛利家虽然屡次以苛刻的条件向藤田组提供融资，却始终没有收回本金。20 年间融资不断增加，毛利家怎么也没想到当初选择的合作伙伴竟然如此不堪。

事实上，藤田组在获得第三次融资时继续违反毛利家提出的条件。毛利家要求藤田组放弃矿山开采，但藤田组无视要求坚持开采。这次藤田组终于赌对了，当时小坂矿山的所长是久原庄三郎的儿子久原房之助，他是日后开采日立矿山并奠定日产财阀基础的人物。作为新任小坂矿山的负责人，他率领年轻的技术人员锐意进取，开始了小坂矿山的改革之路。

小坂本是一座银矿，但银矿石已经殆尽。虽然难以产银，但是生产一种名为黑矿的矿石。黑矿中含有大量的铜、亚铅、铅、硫黄等矿物质，在当时的炼制技术下难以提取铜等有用物质。不过，技术人员认为如果能够成功提炼分离出铜，那么小坂矿山的开采可获得巨大成功，所以将重心放在了炼制技术上。时间是1897年，久原预计两三年后或可在技术上取得突破。所以在获悉本部将停止小坂矿山开采业务之后，久原绕开本部与井上馨直接谈判。谈判中久原表示："要继续小坂矿山的开采，还希望追加4万日元的融资。"戏剧性的一幕出现了，这4万日元最后还是在完全违背第三次融资条件的基础上由毛利家提供的。

这次冒险最终拯救了藤田组。1900年也就是藤田组获得第三次融资的三年后，一种名为"生矿吹"的最新冶炼法大幅促进了日本冶炼技术的革新。得益于这一最新技术，小坂矿山在1905年成为日本产铜量最大的矿山。自引入该技术后，小坂矿山只用了五年的时间就超越此前位居首位的足尾铜矿。因为小坂矿山的成功，毛利家终于看到了回收本金的曙光。

藤田组一直仰赖毛利家的资金支持，虽然不断试错，但毛利家的资金链没有中断。如果没有毛利家的资金，恐怕藤田组在1897年甚至更早的1890年就破产了。当然，久原房之助技术研发的成功也得益于井上馨的斡旋，因为没有井上的斡旋就不会有毛利家的第三次融资。如果藤田组破产，就没有战后在藤田组谱系上发展出来的同和矿业（现名为"同和控股集团"），当然也不会有在久原开发矿山基础上发展出来的日本矿业、日产汽车、日立制作所等知名企业。

总之，旧大名家所拥有的雄厚资金为藤田和古河的企业经营提供支持，在日本的工业近代化进程中发挥了重要的作用。

之后的藤田和古河

我们很难推算旧大名家究竟持有多少资金，但是可以明确的一点是，明治中期岛津家和毛利家的资产仅次于三井、三菱等财阀。另外，我在调查了1897年各大银行所持资金后发现，三井银行总存款金额为2500万日元、第一国立银行为1118万日元、住友和三菱银行各600万日元。对于其中任何一家银行来说，都无法负担起毛利家借给藤田组的180万日元资金。即使对三井银行而言，这笔融资超过其存款总额的7%，对于前途未卜的矿山开发事业无异于豪赌。

从这里也可以看出毛利家所具有的雄厚资金实力。除藤田组之外，毛利家还向小野田水泥厂提供融资。小野田水泥厂是毛利家授权士族经营的一家企业，经营缺乏资金，自然要向其家主借钱。这类旧大名手头的资金也大多以融资的形式提供给新兴企业。

1890年代后半段之后，藤田组与毛利家这种借贷关系复杂的案例越来越少。因为随着股份制和银行业的兴起，旧大名或将资金存入银行，或投资铁路建设等相对稳定的股票市场，华族的投资方法发生了变化。

另外，企业的经营也向着近代化的方向发展。在遭遇了1896年"足尾矿毒事件"①之后，政府命令古河强化预防工程。由于预防工程涉及费用较多，古河便筹划向第一国立银行借款，不料被银行方面以会计账簿记录方法存在风险为由拒绝。这时古河家第二代掌门人古河润吉（外务大臣陆奥宗光次子，过继到古河家）彻底对其会计账簿和事业经营组织进行了改革，并且在制订了详细的还款计划方案之后，再次向第一国立银行提出贷款申请并最终获批。在此之前，古河市兵卫一直以个人信用为担保向银行贷款，但是预防工程所需费用巨大，银行方面也不敢贸然放款。古河在1897年向银行申请100万日元贷款，这对于存款总额只有100多万日元的第一国立银行来说，无异于毫无保留地左进右出，必须慎重对待这笔贷款申请。当然，由于古河润吉的改革非常成功，后来古河同第一国立银行一直维持着良好的合作关系。

藤田组在1903年时对毛利家的欠款是180万日元，但毛利家的资料显示，1903年藤田组已经完全摆脱了毛利家的控制。资料中并没有明确返还的方式方法，一次还清的可能性最大。渠道大致有两种，第一是利用其事业经营赢利的资金进行偿还。1902年藤田组经营的小坂矿山扭亏为盈，并助力藤田组成为强势的产铜业者。小坂矿山的年利润可达80万日元，完全有能力

---

① 因足尾铜矿开发所排出的废气、烟雾、废水等有害物质对渡良濑川周边地区造成污染并影响居民身体健康的事件，也是日本第一起环境公害事件。——译者注

以事业经营赢利的资金来偿还贷款。第二种可能是通过向银行借款的方式偿还。据说是向岩下清周创立的北滨银行（位于大阪）借款进行偿还。以此为契机，藤田组在1900年代中期摆脱了毛利家的控制，利用北滨银行的融资开始其企业发展的道路。

随着小坂矿山的成功，藤田组也开始改变其所有权方式。藤田传三郎将兄弟三人共同出资的藤田组变成了他一人所有的藤田组，其兄久原家和鹿太郎家都已经传给了第二代久原房之助和藤田小太郎，他们二人分别从传三郎那里获得了45万日元的回收资金。久原房之助在离开藤田组后，购买了茨城海岸半停产状态的赤泽矿山，在其有力经营之下，该矿山发展成为日后鼎鼎大名的日立铜矿。

不过，古河和藤田似乎一直都没有处理好与金钱的关系。跟藤田有资金业务联系的北滨银行在一战前夕破产。因此藤田在一战期间成立了藤田银行，尝试通过自主吸收存款来获得事业运营的资金。古河的情况正如我们在本书第8章将要介绍的那样，趁着一战期间的银行热成立东京古河银行。由于古河此前已经成立了古河银行，考虑到新银行位于东京便加上了东京的前缀。

无论是藤田还是古河都通过成立自家银行的方式来筹集资金。不过，这些银行作为后起的银行在同东京、大阪其他快速成长的银行争取存款的竞争中陷入困境，最终藤田和古河都在1927年金融恐慌的大背景下退出了银行业。这两家企业在成立初期抓住了机遇，找到了强大的金主支持其事业，但是在明治末期及至一战期间，为适应形势变化而成立银行以筹措资金的尝试却以失败告终。

4　告别政商：多元化经营的挑战

因应明治初期到中期产业结构的变化而诞生的政商，为了适应变化了的新环境也尝试重新调整其事业。在调整的过程中，有些人成功地从政商成长为财阀，而有些则告别了历史舞台。这一调整和转变大致始于 1880 年代，及至 1890 年代中期即甲午战争时告一段落。

作为转折的 1880 年代

1880 ~ 1881 年是明治政府经济政策大转型的时期。1880年，大隈重信为应对通货膨胀开始向紧缩财政的方向转变。其第一阶段就是前文所述变卖政府官产的措施，但是大隈遭遇了滑铁卢。

1881 年发生的"明治十四年政变"其起因正是本书第 2 章中交代过的北海道开拓使的"官产变卖事件"。以此为契机，大隈被逐出了政府。从大久保到大隈执政期间的维新政府，如在海运业对三菱的政策那样，对特定的政商采取了针对性的扶植与保护政策。此次政变之后，明治政府的政商保护政策开始发生变化。

1881 年成立的所谓"联立政权"的中心人物是伊藤博文和井

上馨。松方正义就任大藏卿（大藏大臣）后继续贯彻执行大隈的紧缩路线，并开始采取彻底的通货紧缩政策。日本政府在"西南战争"期间过量发行政府纸币和国立银行券，为收回这些债券日本政府新设立了日本银行，并将纸币发行权收于日本银行，以此来稳定纸币的价值。这种以中央银行制度为中心的金融机制将政府存款等权限收回日本银行，政商也随之失去了生财的门路。

如此一来，1880年代初期的经济环境发生了重大变化。官产变卖政策将政府所持有的工厂、矿山以低价变卖的形式民营化，游离于政府之外的商机开始增多。

表4-1所示为主要官产变卖的案例。通过该表可以获知，虽然明治政府在1880年代初期宣布了官产变卖的政策，不过受到了"明治十四年政变"及松方紧缩财政政策的影响，并没有顺利推进这一进程。民间企业受到资金的限制，有实力购买官产的企业不多，所以1881～1883年并没有哪家企业出手购买这些政府企业。

表4-1　官产变卖的代表性案例

1884 年	深川水泥 → 浅野总一郎	
	小坂矿山 → 藤田组	
	阿仁铜矿、院内银矿 → 古河市兵卫	
1885 年	品川玻璃 → 西村胜三	
1886 年	札幌酿造所 → 大仓喜八郎	
1887 年	长崎造船所 → 三菱	
	兵库造船所 → 川崎正藏	
1888 年	三池煤矿 → 三井	
1893 年	富冈制丝所 → 三井	
1896 年	佐渡金矿、生野矿山 → 三菱	

到了 1884 年通货终于稳定下来之后，紧缩财政告一段落。小坂矿山、阿仁和院内矿山相继变卖给藤田组和古河市兵卫，当初被视为模范工厂的深川水泥工厂和品川玻璃工厂也相继开启了民营化进程。

深川水泥在变卖给浅野总一郎之后改称浅野水泥，浅野组后来发展成为著名的浅野财阀，日本钢管也是其系统内的企业。浅野水泥战后更名为日本水泥，现名太平洋水泥。

1887 年后几家政府支柱企业的变卖尤其值得注意。长崎造船所、三池煤矿、佐渡金矿、生野矿山是其中的代表。长崎造船所在变卖给三菱之后为三菱发展重工业奠定了基础；兵库造船所在同时期变卖给了川崎正藏，之后改称川崎造船所，在二战前是能够跟三菱造船所并驾齐驱的造船企业，也是今日川崎重工的前身。

政府以官产变卖的形式将官有企业变卖给有经营野心的企业家，也意味着给予他们壮大企业的机会。这些民间出身的商人抓住了机遇，让这些矿山、工厂沿着近代化的正确道路前进。

官产变卖对这些企业家而言算是捡了个大便宜。因为大多数场合政府所收回的资金尚不及投资额的一半。换言之，政府在最初以不断的试错为代价买单，增加的只是纳税人的负担，企业却以低廉的价格抄底接盘。

购买方认为三池煤矿和佐渡金矿、生野矿山价格偏高。三池煤矿的中标价超过 400 万日元，这是三井与三菱激烈竞标的结果。[1]佐渡金矿、生野矿山最早以官营的形式开发，后来编入皇室的财

---

① 武田晴人『談合の経済学：日本的調整システムの歴史と論理』。

产，可以看出是十分优良的矿山。但是，长崎造船所则是连年赤字的官营企业。

对于民间企业而言，这些官营企业为适应时代的需求已经进行了比较成熟的新技术引入实验。而且，政府已经为初期试验的失败买单，未来在新技术的应用上具备比较光明的前景，这是民间企业看重官营企业的重要原因。

例如，在购买三池煤矿时，当时三井的经营责任人益田孝指明要将三池煤矿中一个名为"团"的技术人员"打包出售给三井"。这个人就是后来成为三井理事长的团琢磨。在官产变卖的过程中，有留学经验的技术人员和工部大学校①出身的年轻技术人员继续留在企业中担任技术骨干，这对于民间的企业而言具有重要价值。例如，古河在购买了阿仁和院内这两个中等规模的矿山之后，将政府在这两座矿山所引入的最新式机械拆除，连同技术人员一并转移到足尾矿山的开采事业上。后来成为古河财阀高层管理人员的近藤陆三郎就是在官产变卖的过程中加入古河的。

政府的官产变卖给民间企业带来诸多积极影响。通货紧缩政策和日本银行的设立确实减少了政商从政府那里获取的商机，但是获得了其他机会，并开始了多元化经营的尝试。

积极推进多元化经营的 1890 年代

民间企业的多元化经营各具特色。三井以增加对制造业的投

---

① 工部大学校是明治维新初期（1871）由工部省设立的专门培养技术人员的机构，1887 年与当时的帝国大学（东京大学前身）合并。——译者注

资来摸索其工业化政策的方向。着眼于日本产业革命背景下发展迅速的制造业部门，这是三井在这一时期多元化经营的主要特征。

在海运业占据优势地位的三菱在经历了与共同运输的竞争之后，将海运业转移到了日本邮船，为此需要重新调整其事业经营的重心。三菱获得了长崎造船所后便开始发展造船业，后来向矿山开采业及银行业扩张。另外，东京丸之内的土地也是这一时期购买获得的。

一直到幕末，住友的经营重心都是金融业和别子铜矿，受到幕末动乱期"大名贷"的影响，有一段时期完全退出了金融业，专注于别子铜矿的经营，这是当时担任番头的广濑宰平提出的方针。到了1880年代，为适应矿山中心主义向多元经营转型的步伐，住友开始设立银行，之后向金属加工等重工业部门进军，今天我们所熟知的住友电气工业（住友电工）、住友金属工业（住友金属）等企业都得益于当时的多元化经营理念。

比较三大财阀的多元化经营可以发现如下基本特征。三井和三菱的多元化经营随机性更强一些，新事业部门与其固有的部门之间没有那么强的关联，属于"有机会就出手"的那种类型。住友则是在铜矿开采炼制的基础上向金属加工业进军，其多元化经营的战略能够看出明显的相关性。不过，住友在1888年曾经尝试过生丝生产，但以失败告终，另外还经营过樟脑制造厂。跟三井、三菱相同，住友也在各个领域做过尝试，只是涉足的程度有所不同。

一般认为安田的主业是银行和保险，但在这一时期也曾进军北海道的农场和矿山，尝试多元化经营。当然这些尝试多以失败告终，没有留下任何产业。所以从结果来看，有些企业专心于一个领域，有些企业则以关联领域为切入点向多元化发展，而有些企业则是以随机投资的方式开展多元化经营。

换言之，在 1880～1890 年代经济环境快速变化的背景下，逐利心强的企业家理所当然地认为对某领域的投资"或可赢利"，在这种时代氛围的笼罩下开始了多元化投资的热潮。当然，多半以失败告终，成功的只是少数。但是在经历了初期的错误尝试之后，以多元经营为特征的财阀得以形成。所以，财阀其实是在多元化经营的竞争中获胜一方的代表。

接下来将以三井和三菱为例进行详细介绍。

三井的案例

对于三井而言最大的转折点是 1882 年日本银行的成立。这导致长期以来充当政府银行职能的三井银行地位下降。关于这一时期的三井，粕谷诚在《豪商的明治》一书中有过详细的介绍，也是截至目前学术界对三井研究的巅峰之作。[1]

中央银行作为货币发行机构在金融业占据中心地位。其中心地位体现在两个方面，第一是唯一的货币供给机构，第二是从属

---

[1] 粕谷誠『豪商の明治：三井家の家業再編過程の分析』名古屋大学出版会、2002。

于政府的银行。明治初期颁布的《国立银行条例》规定，国立银行可以发行纸币，但是后来日本政府废除了这一制度并将货币发行权授权给新成立的日本银行。同时，银行中代行使政府职能的业务也被转移到日本银行，这样按照规定三井银行所从事的政府存款业务也被迫转给日本银行。当然，当时的三井是没有能力马上全部返还的。在1882年的时间节点，政府的存款占三井银行总存款的55%。如考虑返还则必须将贷款减少到半数以下才能维持存贷平衡，但是三井的借贷方中有大约四成是不良借贷，短期内难以收回这些贷款。

这一时期三井所面临的危机不止于此。此前带领三井力挽狂澜的三野村利左卫门于1877年去世，其后三井便一直没有找到有魄力的继任者。三野村之后的经营高层延续既有的吸收政府存款路线，随着政府开始收回这一业务，三井很快陷入非常危险的经营危机。

三井银行到了经营重组的重要关头。作为三井的另一项事业而迅速成长的三井物产是三池煤矿的出口转销商，从中获得了相当多的收益。当时三井尚没有收购三池煤矿，所以物产和银行作为三井的两大支柱，其中银行这一大支柱在1882年面临土崩瓦解的风险。

虽然三井内部讨论了重建方案，但真正运作始于1890~1891年。这时日本银行成立已近十年，可想而知三井的动作有多缓慢。三井同族共有11家，如果同族的意见不能统一，则无法制定并通过重建方针。最终确定重建方针的是井上馨。

表 4-2　三井的多元化经营

1882 年	日本银行成立 = 三井银行政府存款业务缩小 三井银行存款的 55% 为政府存款,贷款的 40% 为不良贷款 三井物产收购三池煤矿,以煤炭为中心开展业务
1891 年 7 月	成立三井京都支店
1892 年 2 月	中上川加入三井,全权掌握银行经营权 取消政府存款业务、废除支店和办事处
1894 年 10 月	在三井元方设置工业部,并将钟渊纺织、王子造纸、北海道炭矿汽船、芝浦制作所、富冈制丝厂纳入旗下
1897 年	重新调整工业化路线
1901 年	中上川去世,益田孝掌权,三井确立物产、银行、矿山三大事业支柱

　　针对三井经营中出现的问题,1890 年井上便委托高桥义雄①了解情况,高桥的反馈是:"何止是有问题,如果弃之不顾极有可能遭遇破产危机。"井上随即开始物色能够带领三井重建的中心人物。井上选中的人物是福泽谕吉的外甥、山阳铁道社社长中上川彦次郎。

　　井上深度参与了三井物产的成立。1873 年因为与司法卿江藤新平的对立而下野的井上,与其侧近益田孝共同成立了先收会社。先收会社正是三井物产的前身。由于这层特殊关系,三井与井上非常亲密。井上虽然不是出资人,但是作为政府高官,自视可以对三井的经营及对同族发挥监督者的角色。下一章要谈到"三井家宪"的制定过程,也可以看出井上发挥的重要作用。

---

① 高桥义雄,明治维新时期的实业家,与政界、商界和学界都有广泛联系,1890 年代以后在三井的经营改革中发挥了重要作用。——译者注

在井上的斡旋下，中上川加入了三井。当然，三井高层内部也不是省油的灯。虽然有了井上的推荐，但中上川只是地方铁道会社的社长，而且还是福泽的外甥，这些都是三井高层不愿意接受其领导的原因。福泽谕吉的门生多跟三菱关系密切，这导致中上川的工作很难开展。

中上川是接受过西式教育的实业家，他认为三井银行需要从根本上变革其经营体制，这是针对当时的形势做出的正确判断。中上川上台后首先制定了尽早终结政府存款业务的方针。作为代替方案则是从民间吸收存款，并将存款投资到以制造业为中心的工业部门，这是 1892 年 2 月的事情。中上川完全掌权后，就取消了政府存款业务并且撤销三井银行的支店、办事处等。

由于在日本各地都有代收地租和处理政府存款业务，三井设立了多家支店。撤销这些支店是三井终结政府存款业务的重要一环。这也就意味着中上川开始否定"政商路线"。

两年后的 1894 年秋，中上川在三井元方设置工业部。元方是三井 11 家同族管理其全体资产的机构。三井同族的家计（私事）由各家进行管理，但公事则由元方管理。元方除工业部这一新组织外，还有银行部、矿山部和物产部，企业以其股份、股票为担保向三井银行贷款，而工业部以这些股票为抓手培养新型制造业企业。

编入工业部的多数企业后来成长为日本近代企业的代表。以当时最大的纺织会社钟渊纺织为中心，王子造纸、北海道炭矿汽船（下文简称"北炭"）、芝浦制作所（现在的东芝）及通过官产变卖获得的富冈制丝厂都是三井旗下的企业。这些棉纺织、生丝、造纸、煤炭、电气机械等具有发展潜力的企业悉数被纳入三井旗下。

中上川也有误判的时候。这一时期日本的机械工业水准仍然低劣,芝浦制作所的收益并不好,属于赤字经营的企业。所以,三井向着"工业化"方向的努力也并没有取得预想的成绩,安冈重明评价中上川的改革为"一种试错的实验"。但是三井内部不这么认为。1897年,在遭到三井内部的批判后中上川不得不重新调整工业化路线。

如此快速地放弃新路线,其背后重要的原因是中上川在三井内部遭到了孤立。作为推荐人的井上也因为中上川在处理不良债权的过程中触动了其亲信的利益而不满。① 四面楚歌的中上川即使新方针正确无误,也难以获得三井内部的支持。

釜石(现岩手县釜石市)的铁矿被纳入三井旗下是以后的事情了,但当时北炭成立了名为日本制钢所的子公司,中上川的改革如果顺利推进,三井肯定能够在多个工业部门领域开花结果。但是,三井在较早的时间节点放弃了工业化路线。由于三井减少了对钟渊纺织、王子造纸、芝浦制作所等的持股份额,它们作为三井的旁系公司,没有被纳入诸如三井物产、三井银行、三井矿山等直系经营的序列中,这也导致三井与芝浦、王子等的关系比较淡薄。

从结果来看,从第一次世界大战到第二次世界大战,再到战后日本的经济高速增长期,三井集团制造业部门稍弱的后遗症一

① 森川英正『日本財閥史』。

直延续。在其改革路线遭到挫折的 4 年后，中上川本人郁郁而终。益田孝掌握实权后，三井在 20 世纪初确立了物产、银行、矿山三支柱的方针，这也是对中上川工业化路线的最终清算。

三井物产在各大贸易商社中所向披靡，没有可以匹敌的对手。三井银行与华族合作设立的十五银行虽在存款额上处于劣势，但是在私人银行中也是毋庸置疑的第一位。在金属矿山领域，其掌控的神冈矿山主要生产铅和亚铅，三池煤矿的煤炭产量位居业界首位。此外，由于北炭被纳入三井旗下，北炭与三井矿山加在一起占据日本煤炭总产量的相当份额。

由于有了煤炭的稳定供给，确保了三井物产的交易额逐年上升，这样矿山与物产之间形成了密切的相互依存关系。这一时期的三井，其旗下的各个部门都位居日本首位，确保了其作为超赢利企业的经营体制。也恰恰是因为这个原因，使得三井在追求进一步多元化并将资本投向相对收益率较低的产业部门时显得比较消极，从中也可以看出三井多元化经营的瓶颈所在。

三菱的案例

三菱在大久保政权时承担"台湾出兵"以及"西南战争"的军事运输，凭借这层关系迅速拓展海运业。当然，政府的保护在其发展过程中发挥了重要的作用。

大久保在遭到暗杀后，大隈政权继承了大久保的政策，致力于将三菱培育成为具有国际竞争力的海运公司。不过，大隈对三菱的保护政策遭到了民权党人、政府内部藩阀势力的批判。最终大隈在"明治十四年事变"后失势，取而代之的以长州藩阀为中心的政权着手调整对三菱一边倒的"海运保护"政策。新政府出资四成以上联合大阪等地的小船舶公司成立共同运输会社。受到政府通货紧缩政策的影响，海运业务本身就不景气，即使没有共同运输会社的竞争，三菱的经营已经开始恶化。① 共同运输会社成立后，两家公司为了获得潜在的客户开始了激烈的价格竞争，竞争至少持续到 1885 年。得益于政府的保护政策而被贴上"政商"标签的三菱，不仅遭到了在野的自由民权派所谓"恶德商人"的批判，明治政府还制造并且强化了这种竞争的态势。三菱具有先发优势，且公司拥有的船只和航路多于对方，所以在最初阶段三菱对共同运输会社的竞争不以为意。但是到了1884～1885 年，随着两家公司因下调运费而导致竞争越发激烈时，三菱被迫检讨这种竞争性的对策。这时，坚持对抗性政策的三菱创始人岩崎弥太郎病逝，两家公司开始寻求妥协方案。

明治政府也开始认识到如此放任两家公司恶性竞争只会两败俱伤，最终让外国的海运公司占据日本的近海运输线路。毕竟本国的海运业者可以在紧急情况下承担军事运送的任务，三菱的成长也是因军事运输而得到政府保护的，两败俱伤显然是政府要着力避免的结局。

在贸易层面上，如果由外国的海运会社承担进出口货物运

---

① 関口かをり・武田晴人「郵便汽船三菱会社と共同運輸会社の「競争」実態について」『三菱史料館論集』11 号、2010 年。

输，那么运费收入毫无疑问会流向外国。如果是日本的海运会社承担则不仅仅赚的是运费收入，还有相当一部分是外汇收入。在政府看来，与其让国内的海运会社你死我活地竞争，不如团结起来一致对外。

1885 年 9 月，三菱与共同运输会社合并，成立日本邮船会社，两家公司的竞争状态宣告终结。虽然两家公司的竞争以和平的方式解决，但是三菱失去了作为其主业的海运经营权，只保留了大股东的地位。三菱需要开拓新的领地才能对得起这块招牌，于是在 1880 年代中期开始了多元化经营的尝试。

在前述三井的案例中，三井在日本银行成立后逐渐缩小并最终取消政府存款业务的，三菱则在合并之后马上完全放弃了海运业的经营主导权，其转型所面临的形势更加迫切。

1885 年三菱收购第百十九国立银行，确立了将其作为三菱系银行进行培育的方针。然后在大致过了 10 年的磨合期之后，成立三菱合资会社银行部，这也是后来三菱银行的前身。

在较早一些的 1884 年，三菱收购了政府变卖的长崎造船所。彼时的三菱正在跟政府主导的共同运输会社展开激烈的海运竞争。所以，有关三菱收购长崎造船所一事产生了各种各样的推测。其中有观点认为，将连年赤字的长崎造船所推给三菱正符合政府打压三菱的方针。而实际上明治政府工部省认为恰恰是三菱有能力继承这个最初以修理业务为中心的造船所。凭借其在海运领域的天然优势，三菱抓住机遇涉足造船业，更重要的是实现了经营收益。当然，三菱对于收购长崎造船所相当谨慎，1884 年的运作并非"变卖－收购"关系，而是以整体承包租赁的方式运营。直到三年后的 1887 年才完成正式收购。

三菱除海运业之外，已经持有吉冈铜矿和高岛煤矿，外加上银行和造船，构成了其企业经营的新三大支柱。1880 年代后期，三菱继续扩张了矿山部门。在此期间，三菱相继从地方上有实力的商人手中购得尾去泽、槙峰、荒川等矿山，奠定了其金属类矿山业的基础。1880 年代末至 1890 年代初期，三菱进军筑丰煤田，[①] 继续扩张其煤炭开采业。此外，三菱在不知胜算几何的情况下于 1890 年以 128 万日元的价格购买了丸之内附近约 8 万坪（约合 26.4 万平方米）土地，并建成了三菱丸之内大厦一条街，以此为契机进军房地产业，现今三菱系的房地产公司三菱地所就起源于此次购买和开发。

就这样三菱从最初的海运业一举实现经营方向转型，向矿山、造船等多元化领域发展，到 1895 年银行部成立为止，三菱的事业重组基本完成。

1895 年也是住友成立银行的年份。到 1890 年代中期为止，财阀经营事业的基础已经奠定。住友的核心部门如住友电工、住友金属的成立始于 1897 年。这些后来被认为是财阀的企业家在 1890 年代以多元化经营为契机，配合日本产业革命的政策，创造出了新的经营发展机遇。

从结果来看，银行业和矿山业是三大财阀共同的发展方向。其中，三井更擅长于商事部门，三菱更擅长于造船等重工业部门，

---

① 筑丰煤田是日本二战前最大的产煤区之一，该区域内煤矿众多，除三菱外，三井、日铁等财阀企业都在筑丰煤田拥有煤矿。——译者注

表4-3　三菱的多元化经营

1878 年	大久保利通遭到暗杀
1881 年	大隈重信失势下台
1882 年	政府出资 43% 成立共同运输会社 共同运输与三菱展开竞争
1883～1885 年	三菱陷入赤字经营
1885 年 2 月 9 月	岩崎弥太郎去世 日本邮船会社成立
1873 年	收购吉冈铜矿
1874 年	收购高岛煤矿
1884 年	租赁长崎造船所(1887 年收购)
1885 年	收购第百十九银行(1895 年成为三菱银行)
1887 年	收购尾去泽、槇峰等矿山
1889 年	进军筑丰煤田
1890 年	购买丸之内 8.1 万坪土地

住友与三菱较为相似，也侧重于重工业部门。居于日本产业革命中心地位的纺织业、生丝制造业等领域，反而没有成为财阀经营的重心。当然，也不是完全没有染指，中上川彦次郎在主政三井期间也曾经营钟渊纺织并收购了富冈制丝厂。住友也曾涉足生丝市场。也就是说，财阀虽然都有涉足，但没有成为事业的中心是不争的事实。且在大多数场合，其事业发展的后期相继退出这些领域，并确立了前述多元化经营的主导方向。

之所以会呈现上述特征，其原因之一在于纺织业中棉和丝的价格变动太大，具有相当程度的投机性和偶然性。财阀并不具有投机性交易的头脑和这种临场性的技术积累。或许有人会说，矿山开采也是投机性很强的领域，但是在当时看来显然风险系数要小于纺织业。以上就是财阀告别政商的大致过程，以及所具有的特征。

5 家政改革与家宪："总有制"的智慧

本章主要讨论明治后半期财阀的组织机构调整问题。在明治前半期相对动乱的时代，多数商人通过各种方式寻觅商机。在激烈的竞争中幸存下来的商人为应对新时代事业的发展，需要对其组织形式进行相应的调整。

其中一个值得关注的问题是，作为家族经营的财阀，其同族作为出资者如何适应新时代企业经营管理方式的变化。以此为出发点本章以分析有代表性的三井案例来详细讨论财阀的组织机构调整问题。

"总有制"：特殊的企业财产管理模式

三井是始自江户时代的传统商家。其能够经历漫长和激烈的竞争得以延续并发展，自然有生存的独特智慧。三井独特的经营理念，对于我们理解近代日本的经营具有重要的意义。特别是在如何区分管理营业用资金资产和生活所需费用开支的方法上，尤其值得借鉴。

以个体户经营的商店为例，商店的日常营生依赖于销售额。但不巧的是，店主有一个放荡儿子，用这笔维持日常营业的钱来买自己想要的东西。如此一来，商店无法有效管理其商品的销售额和利润额，最终势必走向衰落。

在日本企业近代化的过程中，面临的一大难题就是企业如何从家计中独立出来，即如何将个人及家族的支出与企业经营性支出相分离。企业越大，其针对家族内部的支出特别是相关人头费就越多。家族内有管家、用人，企业内有经理人、雇员。那么付给他们的工资也要分别从家庭支出和营业支出中扣除。

日本在进入近代以后，多数企业已经对此做出了明确的区分。一般来说，生活的场所与企业经营的场所本身是分离的，所以从空间上比较容易处理。但是在此之前是困扰企业的一大问题。

本书第3章讨论的藤田组其实就面临这样的问题。向藤田组提供融资的毛利家之所以要求藤田家不得穿丝织物、不得购买古董，甚至连日常饮食都有强制规定，恰恰说明藤田组并没有将家计与经营做很好的区分。所以从融资的安全性考虑，毛利家对藤田家的生活费等做出了苛刻的限制。

如何将家计与经营相分离，早在近代以前就是一个重要的问题。对于江户时代的商人来说是如此，对于拥有大量土地的地主来说也是如此，对于从造酒作坊发展成酒厂的老板来说更是如此。

江户时代解决这一问题的智慧归结于一个名为"总有制"的制度安排。"总有制"在今天看来是比较生疏的概念，却是江户时代三井组管理其家业和维持经营的基础。江户时代的三井组包括本家在内共计九家同族，九家同族共同持有三井的营业资产。如果参照近代企业的经营模式，直接通过发行股票的方式分给九家同族即可。如果能够发行诸如股票这样的可让渡债券，对于三井来说自然简单。但问题是，在"总有制"下的三井组，无论是有形的资金、土地，还是无形的商号、信用都是不能分割的资产。

在三井组看来，只有整体拧成一股绳才能形成竞争力，各自为政则有失势的风险。三井到了近代已经分成了11家同族，但是无论是九家也好，11家也罢，其出资额并没有被分成九家或11家，仍然将营业资产整体作为一个单元来处理。也就是说，三井的营业资产是11家同族共同持有。在明确了营业用资产的基础上，同族各家才得以将其家计与经营相分离。

这种视营业资产为一体的所有权方式被称为"总有制"。关于"总有制"的基本特征，安冈重明在《财阀的经营史》一书中使用了"总有性财产"这一定义并进行了详细的说明。① 从所有权的角度来看，"总有"是一个比较模糊的概念。因为我们理解"所有物"的关键是可以自由处置该物品，但是在"总有"的背景下，却没有自由处置该物品的自由。所以，"总有制"的特征在于视营业资产为一体，各出资者可以获得其中相应的份额。以此为基础进行利益分配，但是同族各家没有自由处置其所有份额的权利（如变卖、让渡等）。

比较股票这一形式，二者的差异一目了然。在现代企业中，无论企业规模大小，只要由多数人持股即可以视为共同出资。

---

① 安冈重明『財閥の経営史：人物像と戦略』社会思想社、1990。

企业固然不能根据股东的股份将企业切割成小块分给股东，但是股东可以根据持股比例将自己的股权部分自由处理。正是因为采取的是股票的方式，才可以灵活处置股票的所有权。企业的资产如果分割的话，势必会削弱企业的竞争力，为了防止出现这种状况，才导入了可让渡的证券形式，这是近代股份制公司成立的制度基础。

但是，三井既不允许出资人提高出资比例，也不允许处分其持有的资产份额。没有"处置"的自由，就不能称"所有"，所以才有了"总有"这个概念。将所有资产作为不可分割的整体，本家和分家共同持有这笔资产。

跟这一逻辑形式相似的是"入会地"（即共同使用土地）。针对某村的入会地，其村民可以在该土地上割草，并将其作为燃料或者肥料来源地。全体村民共同拥有这块土地，各村民只可以从中获取自己生活需要的东西。不能因为个人需要就把入会地的其中一部分据为己有，也不能将入会地的部分让渡出去换取金钱。

在"总有制"经营框架下，由于出资者无法自由分割、出售属于自己份额的资产，导致出资者的行动受到严格限制。此外，"总有制"还特别重视增加企业的营业资产，即在确保本金收益的同时还要将企业做大做强，这是"总有制"的基本特征。

这里涉及权利和义务两个层面的问题。三井同族全体有确保并增加营业本金的义务。也就是说，从祖先那里继承下来的资金只能多不能少。对于现役的同族来说，营业资产整体是从上辈那里继承下来的，他们只能享有在自身持股范围内的利益分配，这些总资产只是暂时保存在这一代，更重要的是确保资产增值并恩泽下一代。

考虑到这层因素，虽然年年有收益，但尽可能地少分配收益而把蛋糕做大做强，这是三井组对同族提出来的要求。换言之，这是在牺牲出资者个人权利的基础上，将发展三井组这个企业整体作为最优先选择的一种方式。既不能分割经营资金，同时利益分配还受到限制，一切都为了营业资产永续发展这一"总有制"目标。

这一想法始于三井组第二代掌门人三井高平。高平在1772年所写的《宗竺遗书》中对"总有制"做出了明确的规定，其后这一规定为历代掌门人，以及为三井工作的番头、手代①所继承。也就是说正是在高平掌权的时期，制定了被称为"三井家宪"的"九轩身上一致之家法"，将三井九家同族的所持份额进行了划分，并且确立了三井家全体合作、共同经营并维系资产的原则。

遵循这一经营理念，三井经历了江户时代。三井最初是吴服商，后来经营换钱店，并顺利把店铺开到了江户。之所以能够实现事业的扩张，得益于其将营业资产视为一体，赢利增加的时候扩大再投资。

但是，正如前面所讲的那样，这种经营方式也会遇到瓶颈，特别是在江户末期随时都有被时代潮流吞没的风险。三井本着牟利的动机贷出去的钱款长期无法收回，特别是遭遇"大名贷"

---

① 手代，江户、明治时期在日本商户企业中工作的中层负责人或技术人员。——译者注

之后导致三井组在江户末期遭遇前所未有的经营危机。带领三井走出危机的正是前文提到的三野村利左卫门。

三野村利左卫门的"反逆"

三野村利左卫门是三井的救世主，但同时也是一个老江湖。虽然不至于夺权，但他确实有过变更"总有制"这一经营方针的计划。事实上，在他有生之年确曾无限接近这一目标。

这就是三野村利左卫门的"反逆"。用"反逆"一词来评价他是否恰当另当别论，不过三野村认为三井本家以下的同族介入三井的经营会产生很多问题，"长此以往三井事业整体将面临危机"。所以他在任期间尽可能地排除三井同族的影响，通过强化自身实力带领三井克服危机。三野村排除三井同族影响的尝试始于三井银行创立之初。1876 年三井银行创立时，三野村对 200 万日元的出资额做出如下规定。其中，三井组大元方为 100 万日元，三井同族 50 万日元，三井手代 50 万日元。银行作为三井组的事业，属于三井组总有的资产，从原则上来看理应采取 11 家三井同族全体共同出资的形式。但是，三井同族的出资额只有 50 万日元，旗下管理事业资产的三井组大元方出资 100 万日元，两者共计出资 150 万日元。值得注意的是，为三井组工作的手代出资 50 万日元。在此之前，三井组事业的出资权一直被限定三井本家、分家和同族，此次直接从事经营的手代约 370 人获得了 50 万日元的出资权，占总出资额的四分之一。

三井银行在创立时被定位为三井同族与经营者共同出资的私

立银行。所以，当时三井银行的成立已经脱离了"总有制"的出资形式。脱离的根据来源于1876年三野村与三井同族签订的"盟约书"。

> 既已成立会社，本银行之资本即为股东共同所有，而非三井一族之共有物。另，旧三井大元方之资财既非三井一族之共有物，亦非同族各自之私有物。[1]

值得注意的是"旧三井大元方之资财既非三井一族之共有物"这一表述。这里的"大元方"似乎仅指东京的大元方，但已经明确了"总有制"下营业资产整体非三井一族的共有物，亦非同族各家的所有物。"亦非同族各自之私有物"一句只是从"不能分割"这点上再次确立了"总有制"的原则。因此，三野村改革的焦点在于从形式上维持"总有制"原则的同时，将三井银行从同族11家出资过渡到从业人员亦可出资的企业。这就是三野村"反逆"的最高限度。

但是，三野村的改革遭到了三井同族的反击，难谓成功。因为三野村本人在改革的第二年，年仅57岁就驾鹤西去，三井的改革失去了重要支柱。

三野村凭借与维新政府藩阀官僚的关系带领三井走上了政商路线，成功拯救了濒于破产的三井。虽然给人以守旧的感觉，但是也有开拓进取的一面，例如他承认了从业人员对三井银行的出

---

[1]　三井文库编『三井事业史资料编三』三井文库、1984。

资，并尝试将三井的事业从同族所有中分离出来。

他在建立三井银行时，对行长（当时称"总长"）一职的遴选以股东全员投票的方式来决定，最终他本人获得了约八成（72 票）的选票当选。但是他本人拒绝就任，并把这一职位让给三井家的掌门人，这也让他本人在三井组的手代中间赢得了极高的信任。所以才能够实现上述成功的改革，不幸的是他的改革尚未进行就在 1877 年即"西南战争"开始的年份去世了。

三野村去世的第二年，三井同族开始了反击。1878 年三井组同族各家纷纷提出意见书，最终修改了"盟约书"。修改后的内容中最值得注意的是将"非共有物"改为"作为共有物"。虽然只有两个字的改动，但是其属性发生了很大的变化。这样所有的营业资产重新收归为三井家同族的共有物。计划以资本参与经营的手代的权利被彻底剥夺。

本次"盟约书"的修改旨在由三井组同族单方面出资，从而收回手代的出资份额。当然，这项收回事业亦非一帆风顺，直到 1893 年才完成。最主要的原因在于三井的同族并没有足额的收回资金。为此三井同族将营业分红凑在一起，以溢价收购的形式购买手代的出资份额。最终在 1893 年实现了同族对三井银行的全额出资。

最终，三野村的尝试遭遇挫折，三井银行重新回到"总有制"的原则框架下。三野村改革失败所遗留的问题也成为日后困扰三井财阀发展的重大问题。

在三野村看来，三井组未来的发展面临的最大问题是来自同族的置喙干涉。三野村并非有意排斥同族的出资，而是因为同族干预经营的行为会强化同族的权限。核心在于有经营管理能力的专业经营者（番头）与作为出资者的三井同族的关系问题。或者说是在事业发展过程中有财力的投资者与有能力的经营者之间的权力平衡问题。

三井组的本家和分家加在一起，其同族的数量较多，一但面临经营政策调整，同族各家会有各种不同意见。如同蜜蜂筑巢一样，呈现多孔化的结构。即便与其中一家商议意见就要花费较多的时间和精力，更何况三井同族有 11 家，对于经营者来说会产生较高的时间成本。对于直接从事经营的番头而言，与同族各家就经营政策调整等打交道本身就是一件棘手的工作，这也是三井日后面临的重大问题。

如前章所述，三井组在三野村去世之后经营并不顺利。虽然同族重新掌控了出资权但是一直没有觅到得力的人才，在中上川彦次郎加盟之前的这段时间，三井的经营几乎陷于停滞状态。而且，中上川的改革也称不上成功。在此背景下，为重组三井的事业，三井组于 1890 年代开始着手家政改革。

三井的家政改革

如前所述，1890 年高桥义雄受井上馨之命调查三井的经营状况，获悉三井从日本银行借款约 200 万日元，来弥补其对外借贷的亏损。如无法填补这笔贷款的亏空，那么三井的处境将十分困难。井上得知这一事情后，于 1891 ~ 1892 年相继明确三井改革的三大方针。

第一，1891 年成立名为临时评议会的组织，商讨改革方案。第二，着手制定被称为三井家宪法的"三井家宪"。第三，从前一年开始物色人才，邀请中上川彦次郎加盟三井并让其负责三井银行重组事宜。关于第三大方针，上一章已经讨论过了，在此不再详述。

临时评议会 1891 年 12 月以番头为中心设立，主要审议三井事业重组、改革的基本方针。经过两年的审议，最终确立了成立三井家同族会的组织方案。改革的要点为，基于管理三井全体资产之目的成立同族会。同族会由三井组 11 家同族构成，是为统一整合同族意见之机构。三井元方作为指挥实际经营的机构与同族会相分离。三井元方成为最高经营管理机构，其下设三井银行、三井物产。三井元方听取同族会意见并处理同族会事务，是最高经营管理方针之决策机构。为更彻底地贯彻分离之理念，1896 年在元方下设三井商店理事会（1900 年改组为三井营业店董事会议）。

这种金字塔形的组织模式一旦确立，三井同族便被置于金字塔的顶端，实际的经营则由益田孝（三井物产）、中上川彦次郎（三井银行）等人承担。这些经营高层聚在一起决定三井全体的经营方针。当然，经营方针最终需要上报同族会并获得承认后方可生效。同族会依然具有重要的话语权，但是已经脱离经营现场。说他们成为"装饰品"似乎言过其实，但是减少了其对实际经营介入的程度是事实。不过，最终的决定权在同族会，如同前述颠覆"盟约书"的举措所呈现的那样，同族会的力量不容小觑。但是，同族会的声音已经很难直接到达营业店（如银行、物产、矿山）。上层的意见收集之后可以选择性地传达，经营管理层创造了可以管控上意下达的组织机制。该组织机制的调整最终以1910年前后的控股公司化经营为顶点而宣告完成。

与组织改革同期进行的是事业相关规程的调整。组织改革之后就需要明确具体的职责分工，所以有必要确定组织规程、分工规程，即规定包括同族以及经营高层所承担义务在内的整体经营管理框架。时代在变化，《宗竺遗书》也需要做出相应的修改，特别是将组织改革以明文的形式确立下来，这就是"三井家宪"涉及的内容。

1890年代，井上在听取高桥的报告之后，就开始命令侧近人士准备制定"三井家宪"事宜。实际担当此任的是当时帝国大学一位名为穗积陈重的法律学者。根据《三井事业史》（正文第二卷）介绍，井上当时向若干人等就制定家宪事宜进行咨询。其中一位是在日本商法、公司法制定等领域发挥重要作用的德国法律学者罗斯勒（Karl Friedrich Hermann Roesler）。罗斯勒援引德国容克贵族的案例指出："立法固然困难，但是德国容克贵族自家或者同族血缘等有若干制定家族内规范等，或值得参考。"井上原计划将三井等财阀系统的企业从国家层面以立法的形式进行控制，在听取了罗斯勒的建议之后便转念着手家宪的制定。

家宪的制定经过了较长的周期。本着一旦制定就不轻易更改的原则，在制定过程中与利害相关人员进行了充分的意见协商，直到1900年，即开始讨论制定家宪的十年之后才最终完成。

井上在家宪颁布仪式上的演说中部分提到了制定家宪的意图。井上在发言中吐露了他本人以及将制定家宪视为必要的同仁的心声。井上指出："方今三井11家，目之所及皆豪车奢侈之竞争，唯不见锐意经营之人。"井上批判的是同族在吃喝玩乐上应接不暇，却无意在经营上进行竞争。从这个角度来看，家宪是对三井同族日常行为的一种约束。例如，井上主张三井同族应该在家计领域戒奢侈浪费、在经营领域多潜心学习，但他同时指出，同族在经营管理的问题上能够做的事情太少。所有这些不满都体现在了新制定的"三井家宪"中。

对于井上而言，这是一个两难选择。如果不对同族的铺张浪费进行控制，那么三井经营所需的资金将很难向元方及董事会集中。如何有效说服同族是一个问题。此外，同族中也不乏自命不凡的人，"沧海横流方显英雄本色，为何不让我去挑战经营管理呢？"而且，同族所持三井资产份额比例高，从财力来看完全不逊于在一线经营的商人。这些具有经营野心的同族理所当然希望在三井的经营管理事业中一展身手。对于这些人，如何有效限制他们过渡插手经营又是另一个大问题。

因此，"三井家宪"中对同族的约束有五：第一，不得插手政治；第二，不得负债；第三，不得做债务保证人；第四，不得私自经营商工业；第五，不得私自担任股东。

其中第四条规定具体可以理解为，同族会成员承担元方、营业店等组织内事业的责任，但是不得私自涉足组织外其他领域的经营，当然更不允许私自成立公司。此外，第五条的规定更加严格，不允许同族成为三井系外公司的股东。其实三井同族每年获得的经营红利相当可观，只要是稍有点能力将其投资某些公司就可以获得丰厚的收益，但是"三井家宪"对这种行为进行了严格限制。

"三井家宪"对同族的金钱使用进行了严格的限制，其初衷还在于，万一同族各家经营失败可能会给三井整体带来很大的困扰。所以从金钱的使用到企业的经营都对三井同族施加了限制。"专注于三井家的事业"，这是"三井家宪"制定的基本目标之一。"三井家宪"如表 5-1 所示目录，共计 10 章 109 条，其规模跟日本国宪法内容不相上下，其中对"同族""同族的义务""同族会及同族会事务局"，以及婚姻、继承甚至相关制裁手段都做了明确的规定。

表 5-1 　"三井家宪"概要

第一章	同族
第二章	同族的义务
第三章	同族会及同族会事务局
第四章	婚姻、养子过继及分家
第五章	监护、禁治产及准禁治产
第六章	继承
第七章	董事会
第八章	财产
第九章	制裁
第十章	补充规定

注：禁治产人是指因心智丧失等对自己的财产无处理能力，经法院宣告丧失民事行为能力的人。——译者注

井上希望通过这种详细的规定来管控三井家的事业，同时三井同族各家也在家宪规定的范围活动。从经营的视角来看，这是巨大的进步。对于三井的经营者而言，三井同族各家如能安于现状，年年从经营收入中获得收益分配，自然是最好不过的事情。

但是，同族各家也未必甘心于此，其后内部仍然有反对的声音。同族乐意接受经营者分配的利润，但是也希望能够过问日常的经营活动。这种内部的对抗一直存在。

家宪中有关财产的规定确认了"总有制"的原则。承认"总有制"，但是不希望同族插手经营管理，这是跟前述三野村的改革相区别的地方。此外，作为"总有制"的重要特征之一，控制赢利外流从而将其扩大再投资的原则也得到了确认。家宪以及后来的细则修改中，设定了同族分配的比例上限，并明确了内部留保优先的方针。

关于这一时期"三井家宪"是否为特殊的案例还有深入探讨的空间，不过井上也为古河家的家宪制定积极提供建议。古河并未走到制定家宪这一步，不过也制定了所谓"临时家则"。井上本人热衷于制定家宪，这似乎与当时的"宪法热"不无关系。因为"三井家宪"制定于大日本帝国宪法颁布（1889）的第二年。在此背景下，大型商店、企业相继制定家族的宪法。对此，经常被拿来比较的是住友家制定的"住友家法"。

"住友家法"的特征

住友早在江户时代就有类似于家规的东西。广濑宰平1882年在对其进行修改的基础上制定了"住友家法"，并于1896年再次进行修改。

1896年修改后的家法作为住友经营的基本规则一直使用到1928年住友"社则"出台为止。"住友家法"也是跟"三井家宪"相似的家族法律，对家族内的婚姻、养子过继、继承等事宜进行了详细的规定，之所以早于三井在1896年即完成修改，有其特殊原因。

这一时期的住友其本家没有健康的男子，在进入1890年后陷入了后继无人的境地。为此住友从德大寺家过继了养子，即住友友纯。他的兄长就是被称为"明治最后的元勋"的西园寺公望，也是从德大寺家过继给西园寺家的养子。负责甄选养子事务的是住友家的番头，他们选中住友友纯之后将其奉为家主，"家主君临天下，却不实际统治"，这是住友家经营管理的方式。同族不参与经营管理，将其全权委托给番头，住友家同族与经营者之间的紧张关系相对较弱，这是住友的特征。之所以在1896年修订家法，最主要的考虑事项是在家主领导力欠缺的情况下，如何继承并经营住友的事业，也就是说需要决定住友家的继承和事业经营的基本方针。为此，广濑在1882年制定了"住友家法"，而在广濑之后接管经营的伊庭贞刚为应对养子过继事宜于1896年将其修订，并确立了住友的经营管理方针。

家法的开篇就是"经营要旨"，总结了住友家经营的基本方针。表5-2转载自麻岛昭一先生所著《战争期住友财阀经营史》，可以看出"住友家法"的时代变迁。

在1882年制定的家法中，体现其经营方针的条款是第二条和第三条。其中，第二条明确了别子矿山之于住友的重要性，将其视为最重要的营业资产。别子矿山的盛衰关乎其营业的走向，所以将其放在第二条这一重要的位置。第三条规定了住友的基本经营理念，即"不求浮利"，该理念沿用至今。

表5-2 "住友家法"的演变

1882年"住友家法"(共19款196条)

第一款 "家宪"

第二条 豫州别子山矿业系万世不朽之财本,此业盛衰关乎我住友兴废,务必尤其重视。务必坚守旧迹、谋划将来,事业益盛。

第三条 吾住友之经营,随时势之变迁,计理财之得失,弛张兴衰虽有之,苟求浮利、轻举冒进勿为之。

1891年家法修正

第一编 一般规程 第一章 "经营要旨"

第一条 吾住友之经营,重视信用,务求实际,以图稳固发展。

第二条 吾住友之经营,随时势之变迁,计理财之得失,弛张兴衰虽有之,苟求浮利、轻举冒进勿为之。

第三条 豫州别子山矿业系万世不朽之财本,此业盛衰关乎吾住友兴废,务必尤其重视。务必坚守旧迹、谋划将来,事业益盛。

1928年社则

第一条 我住友之经营,重视信用,务求实际,以图稳固发展。

第二条 我住友之经营,随时势之变迁,计理财之得失,弛张兴衰虽有之,苟求浮利、轻举冒进勿为之。

战时体制下新社则

营业要旨

第一条 吾住友之事业,服务国家之使命,切望竭力举报国之实。

第二条 吾住友之事业,重视信用,务求实际,遵守全住友一体之精神,协心勠力继往开来、期图更张。

第三条 吾住友之事业,世事变迁,弛张兴衰虽有之,心存恒志、百年长计,切不可忘大本。

资料来源:麻岛昭一『戦間期住友財閥経営史』東京大学出版会、1983、47-48頁。

别子矿山之所以被置于如此重要的位置,广濑对此有特别的考虑。别子矿山在幕末维新期间幸免于政府的没收,当时得益于广濑的据理力争。广濑将别子矿山写入家法第二条意在表明不希望再次出现类似别子矿山的遭遇。基于这一考虑,1891年家法修订的时候仍然保留了这一条内容,只是将顺序调整到第三条。

1928 年制定的"社则"就把别子矿山这一条删除掉了。并将"重视信用、务求实际"放在第一条，将不求浮利放在第二条。不过，不求浮利这一方针却在战时消失了。至于具体的年份我们不太清楚，总之战时制定的住友新社则涉及营业要旨的第一条至第三条，主要强调紧随时代变化。在前引麻岛的著作中也提到不求浮利遭到放弃的说法，至少可以表明在战时状态下住友经营方针的重要变化。

以上论述可知"住友家法"将经营方针置于重要位置。此外，住友也会紧随时代的潮流对其经营发展进行修改，但是在三井的家宪中没有这样的经营方针。之所以会有这种差异，是因为三井番头制定家宪的初衷是要限制三井同族的行动。住友则不存在能够与三井同族会相匹敌的同族，自然也不存在类似的问题。掌握住友实际权限的高层既有从基层一步一步提拔上来的员工，也有从外部物色的有能之人。对于这些人而言，通过何种营业方针才能保住住友的事业是家法制定的初衷，所以才有了侧重于营业方针的家法。

以上是"住友家法"与"三井家宪"的区别。再次重申，其区别产生的根源在于三井和住友两家同族与经营者之间的关系有很大不同。

最极端的例子是三菱。三菱并没有类似于家宪的规定。三菱的强项是组织，但是这一时期三菱的组织则要简单得多。创始人岩崎弥太郎去世之后其弟弥之助执掌三菱，1894 年又把接力棒交给弥太郎的长子久弥。也就是说，三菱的出资者即是经营者。与三井不同，三菱不会产生所谓同族与专业经营者的对立。另外，作为明治维新之后发迹的新兴企业，三菱也不像三井、住友那样背负所谓传统的负担，当然更不需要思考如何变革组织形式的问题。

三菱类似于规则的东西具体说来就是所谓的组织规程了，即后来成立的三菱合资会社究竟以什么样的组织形式运行的问题。再后来三菱的组织规程中明确了总公司（本社）与子公司（子会社）的关系，直到财阀解体也没有产生所谓同族与专业经营者之间的关系紧张问题。值得注意的是，三菱明确其经营理念的"三纲领"是1934年的事情。这个"三纲领"也不是由本社制定，而是由三菱商事的会长三宅川百太郎总结的。

三菱的另一个特征是，岩崎弥太郎和弥之助两家在1900年正式以本家和分家的形式相分离，但是两家共同持有三菱的商号且在三菱合资会社旗下经营其事业。值得注意的是，无论是本家还是分家，除了三菱合资会社以外还可以股权的形式向其他公司投资。这在三井被视为禁止的行为，在三菱则得到认可。

基于上述比较，通过分析与同族的关系可以看出各大财阀的基本特征。同时，这一时期恰恰是从家族企业向近代企业组织形态转型的关键时期，从上述几大财阀企业组织形式的演变亦可管窥一二。

6　康采恩化与控股公司：
　　巨型组织的成立

在相扑力士中有名为"见立番付"（等级）的排名表，而我这里有一个明治时期（分别为1875年和1888年）参照相扑等级制定的富豪排名表供大家参考。该表系由阿部武司整理，本书限于版面的关系将其简化为表6-1、表6-2。比较两个表可以发现，1875年排名首位的是三井本家三井八郎右卫门，然后是鸿池、白木屋、三井分家及天王寺屋五兵卫等，这时三菱的岩崎弥太郎还没有上榜。住友也远远落在鸿池的后面。小野组的小野善治郎、小野善九郎也榜上有名。

表6-1　1875年前后的富豪等级排名

等级	住所	名氏	职业等
劝进元	东京	三井八郎右卫门	三井总领家,金融业
差添人	大坂	鸿池善右卫门	鸿池本家,金融业
行司	大坂	鸿池市左卫门	鸿池同族(推测)
行司	东京	白木屋彦太郎	木绵吴服商
行司	伊势	三井元右卫门	三井同族(推测)
行司	大坂	天王寺屋五兵卫	江户时代换钱商,幕末没落
行司	伏见	下村庄右卫门	吴服商
行司	西京	岩城升屋德右卫门	吴服木绵商

等级	住所	名氏	职业等
行司	东京	小津清左卫门	纸店、绵店
行司	大坂	越后屋八郎右卫门	吴服业，三井同族
行司	东京	大丸屋正右卫门	绵商（推测）
行司	东京	田端屋治郎右卫门	木绵批发商（推测）
行司	西京	岛田八郎左卫门	金融业
行司	长崎	小野善治郎	小野同族
行司	大坂	小野善九郎	小野同族
行司	出羽	本间叉太郎	大地主（推测）
行司	东京	须原屋茂兵卫	出版业
行司	东京	大仓屋喜八	大仓喜八郎，商业、土木建筑
行司	横滨	越前屋清兵卫	生丝推销商（推测）
行司	横滨	丸屋善八	早矢仕有的，书籍、洋货商
行司	东京	伊势屋胜三	西村胜三，造鞋、皮革业
行司	西京	炭屋善五郎	江户时代富豪
行司	东京	丁子屋甚兵卫	杉村甚兵卫，洋织物批发商
行司	大坂	锛屋六兵卫	江户时代金融业者
行司	东京	堀越角次郎	贸易商、物流商
行司	东京	和泉屋甚平	江户时代金银换钱商
行司	东京	京屋弥平	物流商
行司	大坂	米屋清吉	江户时代换钱商（推测）
行司	大坂	近江屋休右卫门	药品商（推测）
行司	大坂	山本伊右卫门	江户时代换钱商
大年寄	大坂	住友吉治郎	吉左卫门，产铜业

注："大坂"，即"大阪"，明治20年（1887）前后开始放弃使用"大坂"这一表述。——译者注

资料来源：阿部武司「政商から財閥へ」、法政大学産業情報センター編『日本経済の発展と企業集団』、東京大学出版会、1992、16頁。

表 6-2　1875 年前后的富豪资产等级排名

单位：万元

等级	住所	资产	名氏	职业等
凤	大阪	300	鸿池善右卫门	银行业、仓储业
麟	东京	300	三井八郎右卫门	银行业、商业、矿业
	出羽	250	本间久四郎	大地主（推测）
大关	伊丹	200	小西新右卫门	清酒酿造及销售
大关	大阪	200	住友吉左卫门	矿业、金融业
	东京	150	岩崎弥之介	"弥之助"，矿业、造船业
	东京	90	鹿岛清兵卫	高额纳税者（1898 年）
	伊势	80	三井元右卫门	"源右卫门"，三井同族（推测）
关胁	东京	70	鹿岛清左卫门	地主
	东京	70	大仓喜八郎	商业、土木建筑
前头	阿波	60	久次米兵次郎	靛染商、木材商、银行业
前头	东京	60	下村正右卫门	吴服商
前头	伯州	60	近藤喜八郎	铁矿业、高额纳税者（1898 年）
前头	大阪	60	逸见佐兵卫	江户时代各藩御用商人
前头	东京	60	田端治左卫门	伊势出身的木绵批发商（推测）
前头	备中	60	大原孝四郎	大地主、纺织业、吴服业
前头	东京	60	堀越角次郎	贸易商
前头	伊势	60	小津清右卫门	伊势出身的造纸商、木绵商（推测）
前头	大阪	60	芝川又右卫门	进口仿造杂物制造销售商
前头	大阪	60	山口吉郎兵卫	银行业
	东京	60	安田善次郎	银行业
	大阪	60	藤田传三郎	矿业
	大阪	60	广冈久左卫门	江户时代各藩御用商人（推测）
	大阪	60	和田久左卫门	御用商人

资料来源：阿部武司「政商から財閥へ」法政大学産業情報センター編『日本経済の発展と企業集団』、18 頁。

到了 1888 年，格局发生了变化，鸿池和三井位居前两位，第三名则是来自山形的大地主本间家。紧随其后的是小西酒造，住友名列第五。岩崎弥之助的名字似有错误，亦名列前茅，至少说明三菱的岩崎家在 1880 年代后期实现了财富的跃升。

此外，1888 年还出现了大仓喜八郎等本书多次出现的人物，也有从 1875 年的榜单中完全不见的人物。住友的广濑宰平在《半世物语》中对大阪商人财富的此消彼长做了统计。明治维新后破产的老字号商店如 1875 年名列第六的天王寺屋五兵卫等共计 24 家，维新后仍保持顽强生命力的则有鸿池、住友等 8 家，可以看出经历了明治维新之后没落的商户要多得多。①

值得注意的是，岩崎、安田、藤田等新型企业家榜上有名。新兴势力仅用十几年的时间就迅速集聚财富，跃升榜单前列，可以视为明治维新以来的一大变化。刚好这一时期正是政商向财阀转型的关键时期，1888 年的排名也反映了财界势力的变化。富豪（商人）的地位更迭，其中有相当数量的富豪已经没落。在激烈的竞争中存活下来的富豪中就有本书提到的三井、三菱（岩崎）、住友、鸿池、古河、安田、大仓、藤田等人。

多元化经营的进展

如本书第 4 章所述，明治维新后的富豪在进入 1890 年代以后开始尝试多元化经营，除了追求作为政商所带来的商机，还涉

---

① 安冈重明『財閥の経営史：人物像と戦略』。

足矿山业、制造业等重工业，以及银行业等金融业。

对多元化经营持消极态度的富豪或可列举鸿池。其实鸿池在此期间也曾有过多元化经营的尝试，但最终仍然专注于鸿池银行的经营，直到大正时期一直没有新的突破。

另一个专注于银行的是安田，但是安田不仅经营安田银行，还将第三国立银行、岐阜县的大垣共立银行纳入旗下。这样就形成了以安田银行为中心的银行集团。安田还涉足保险业，总的来说还是没有超出金融业的范畴。安田在金融这一领域取得了成功，战后的富士银行、芙蓉集团亦是安田留下的遗产。鸿池在1930年代将大阪的三十四银行、山口银行合并为三和银行，但是作为财阀并没有留下鸿池的名字。

这种相对消极的经营方针对鸿池来说并没有产生太大的问题。事业的多元化经营所面临的问题是如何有效统合各种事业。如果四处出手、触角太多则超出经营者的能力，作为组织机构如何应对和管理成为重要的课题。

本章将以三井、三菱、住友为例，以其投资的重点领域作为多元化经营的成果进行考察。如表6-3所示，三大财阀的投资涉及多个领域，且投资的规模呈不断扩大的趋势。

1914年与1896年相比，三井的变化主要如下。1896年三井的产业有矿业如三井矿山、陶瓷业如小野田陶瓷、纸浆业如王子造纸、纤维业如钟渊纺织、商事如三井物产、银行业如三井银行等。到了1914年，在金属领域增加了日本制钢所，机械领域增加了芝浦制作所，还有表6-3没有体现出来的直营的东神仓库。另外，矿业中新增北海道炭矿汽船，食品业新增台湾制糖。

表 6－3　财阀的投资领域及投资额

单位：千日元

	1896 年			1914 年			1919 年		
	三井	三菱	住友	三井	三菱	住友	三井	三菱	住友
矿业	8129	6638	6222	57692	13719	11017	132562	67980	20748
金属			357			5138			28836
钢铁				29125			41057	46942	11033
运输机械		2056			11255			167752	
电气机械				5147			22134		
化学							24831		
陶瓷	295			3808			7954		
纸浆	1230			13968			46673	11261	
纤维	3284			40285			84316		
水产、食品				30152	3066		53519	8783	
合计	12938	8694	6579	180177	28040	16155	413046	302718	60617
海运(前50)		18330	3865		73189	34694		232134	132658
商事	5447		348	172555	7026		516754	44843	
银行	34257	11114	2133	131777	66798	83461	477269	292927	554086

资料来源：武田晴人『日本経済の発展と財閥本社：持株会社と内部資本市場』東京大学出版会、2020、57 頁。

三菱的扩张幅度更大，在已设立矿业部（三菱矿业）、造船部（三菱造船）、日本邮船、银行部（三菱银行）的基础上，新增食品（麒麟啤酒）、商社（三菱商事）等独立部门。另外，地所部（地产）、东京海上（保险）等企业悉数被纳入其旗下。

住友看似没有太大的变化，不过这一时期以别子矿山为中心的矿业部门因为煤炭部门的扩张占比增幅较大。在金属部门则有住友金属、住友电工组成的制钢所、压铜所。住友对大阪商船的投资呈增长趋势。此外，表 6－3 中没有体现出来的还有在神户的住友销售店及肥料制造（住友化学）等部门。多元化经营的推进、事业部门的扩大是这一时期财阀的主要特征。

　　随着多元化经营的推进以及财阀占比的增加，财阀在日本经济发展过程中所扮演的作用越来越突出。三大财阀系统的企业在矿工业部门前100名企业中资产额在1914年达到28.1%，占比超过1/4（表6-4所示合计一栏）。相较于1896年比重虽有减少，但是此后的1919年和1929年基本维持了这一比例。可以看出，三大财阀随着日本经济的发展其自身亦在不断壮大。

表6-4　排名前100位企业中财阀企业占比

单位：%

	1896年	1914年	1919年	1929年
矿业	90.7	64.4	59.1	48.6
金属	31.0	30.7	51.3	43.2
钢铁	—	83.8	43.7	51.4
运输机械	69.7	15.5	38.7	28.2
电气机械	—	58.5	28.4	40.4
石油	0.0	0.0	0.0	0.0
化学	0.0	0.0	20.5	13.7
陶瓷	14.3	21.5	16.6	32.0
纸浆	38.0	40.4	41.0	35.8
纤维	8.1	17.3	13.8	14.6
水产、食品	—	20.3	17.5	25.6
合计	35.1	28.1	30.5	27.8
海运	87.4	43.9	37.8	38.5

　　注：此处的占比系前100位矿工业企业在各产业领域总资产额中财阀企业的占比，财阀企业的资产额参照表6-3。

　　资料来源：武田晴人『日本経済の発展と財閥本社：持株会社と内部資本市場』，57頁。

不断增加的利益与巨型化的组织

随着各个领域的大企业纷纷被纳入财阀的旗下。对于财阀来说，如何管理整体的事业，以何种方式推进其经营领域成为重要的问题。在上一章的组织改革中，我们重点讨论了同族与经营者的关系，但是并没有讨论母公司与子公司及各子公司经营者之间的关系。

这时进入我们视野的是康采恩化或者控股公司化（持株会社化）。本章将在讨论其与财阀"总有制"原则辩证关系的基础上，主要从追加投资的筹措、分配等资金领域的管控为中心来思考财阀的康采恩化或控股公司化。

财阀多元化经营成功的关键是明确在哪些领域追加投资，以及哪些领域具有未来的成长潜力。多元化经营的成功意味着抓住了新领域的发展机遇，并且将既有的利益分配到新的领域并进行投资。其实各个新的领域都需要专业的知识，单独个人显然无法掌控所有的领域。在挑战新的领域时，谁来判断其是否有价值，需要从多个角度与不同专业人士进行充分讨论，在此基础上做出决定。所谓的多元化经营的商机必然需要不同阅历、不同立场的经营者来捕获。例如，经营商社的和经营矿山的看问题的视角必然有区别，对商机的理解也必然存在差异。这就需要财阀高层从不同的领域收集信息，并从中甄选出新的投资领域，这种决策的组织过程尤其重要。

以三井为例，在三井的组织机构中既有同族，也有统辖全局的总部组织，另外还有各个子公司。三井的成长是由各个子公司支撑起来的。在触角不断扩散的同时，各家子公司不断发展壮大。三井财阀也因此不断发展壮大，子公司所配比的收益亦会增加。总社尽可能限制分配给同族的收益，从而将这些收益用于子公司的扩大再投资，这是财阀成长的必经之路。三井财阀根据家宪的规定，尽可能限制流入同族的收益。基于这一方针，总社将获得的收益再投资财阀发展所必需的事业。

最理想的状态是子公司获得的收益最终用于子公司涉足的领域，母公司不干涉其对利益的分配。例如，三井物产所获得的收益仅限于三井物产来操作。子公司基于有限责任来处理即可，那么对于母公司而言需要做的是什么呢？

第一是分配原始资金所产生的收益。子公司收益的一部分可以直接再投资，另外一部分则要流转到其他子公司。母公司基于整体的利益通盘考虑收益分配事宜，以此融通的方式实现多元化经营。另外，在子公司工作的技术人才也可以根据需要向其他子公司分配。这种基于整体经营战略的需要进行的调整，是母公司人事组织承担的重要任务。

该问题在1890年代以后越来越具有现实意义。表6-5所示为三大财阀矿山部门的纯收益和投资额的演变。一般认为矿业是一个设备投资少且利润高的行业，但是如该表所示，三井的煤炭部门设备投资费用是超过纯收益的，至少在1895~1899年、1900年代前半期设备投资费用要高于纯收益。三菱的煤炭部门直到1900年代前半期投资额一直高于收益额。煤炭部门的这一状况直到1905~1909年才有所缓和。

表 6 – 5 矿山部门的收益与投资

单位：千日元

年　　份			1895 ~ 1899	1900 ~ 1904	1905 ~ 1909	1910 ~ 1914
三井	煤炭	纯收益	3866	4594	9882	(6253)
		投资额	6140	5737	8284	6960
三菱	煤炭	纯收益	2254	1886	3424	3703
		投资额	2528	3868	3139	7928
	金属	纯收益	1891	4942	7658	7650
		投资额	955	1743	3583	6374
住友	别子	纯收益	—	7017	4702	(6845)
		投资额	—	2700	3364	(2131)

资料来源：武田晴人『日本経済の発展と財閥本社：持株会社と内部資本市場』、47頁。

　　不过三菱的金属部门和住友的别子矿山的收益要远高于投资额。如此一来，对于三菱本部而言或可以将金属部门收益的一部分作为投资资金转移到煤炭部门。如果不这样做的话，煤炭部门投资所需要的资金就需要向银行贷款融资。这一时期三菱造船所等也需要高额的投资资金，当然也是通过内部融通流转的方式来确保资金。

　　这种利益流转的尝试起始于1900年代前后的三井。三井为了扩大三池煤矿的规模，计划建造煤炭出口港。要实现这一大工程，仅仅靠三井矿山的收益显然无法满足。为了筹措这笔巨额的资金，三井物产和三井银行通力协作凑齐了计划资金，三井元方和董事会高层新设管理部集中这笔资金，最终集全三井之力成功完成了三池筑港这一重大工程。

随着财阀多元化经营的推进，如何有效管理各子公司的收益，如何从组织的高度统辖各子公司的运营，这时总公司（财阀总部）被赋予新的独立的功能。

这一现象最终导致了控股公司的形成。三井在1909～1911年将银行、矿山、物产分别改组成股份制公司，并在此基础上成立三井合名会社。三井合名会社是百分之百持有三井物产、三井银行和三井矿山的控股公司。此外三井合名会社还保有三井同族所有的其他公司的股份。在此之前三井高层的组织序列是同族会、元方和董事会，本次改组将作为同族会下层组织的元方和董事会统合到三井合名会社之下。三井合名以百分之百控股的大股东姿态掌控旗下各种事业。过去的董事会成员既是各个部门的代表，同时也是总社的成员，但是控股公司化之后，他们获得授权可以独自经营本公司业务。三井合名会社不再干涉子公司的经营，而是作为控股公司从三井事业整体的角度通盘管理人事、资金配置事宜。

三菱表面上仍然维持着合资会社这一统合性的组织机构。进入明治30年代（1897～1906）后，三菱将公司总部搬到东京，下设银行部、矿山部、地所部等事业部门。从外观来看三菱貌似统一，随着各事业部门独立性的增强，三菱的组织形式开始向康采恩方式接近。在此之前，三菱合资会社采取的是将各部门收益整体收回，然后根据部门需要分配资金的方式。在新的组织形式下，三菱合资会社预先确定各个部门的分配资金，各部门根据分配到的资金自主运营，只需要将部分收益金依据比例上交给总公司。如此一来，三菱各部门就像独立的企业一样完成了组织形式的转换。

三菱虽然规模比三井小，但早在1908年就采取了接近"独立核算制"的"事业部制"。1917～1919年又完成了从事业部制向股份制公司的改组。除三菱地所外，其他诸如三菱银行、三菱矿业、三菱造船等部门都完成了股份制改革。三菱合资会社发展成为持有上述公司的控股公司。

这就是三井、三菱在明治末期到大正年间将总社各部门与子公司相分离，并实现控股公司化的过程。总社转型为控股公司之后也开始发挥新职能。

住友的案例相对特殊。1909年的住友总社仍然称为住友总本店，即延续"个人商店"（个体户）的身份定位。虽然已经具备了法人性质的组织形态，但并不是严格意义上的法人资格。住友总本店下设别子矿山、住友银行等内部事业组织。自明治末期之后，住友内部也开始了一定程度的改革，住友旗下的事业组织从总社获得事业资金，并将其赢利的一部分返还给总部，从形式上来看接近三菱的"事业部制"。其后不久，住友银行于1912年，住友制钢所于1915年实现了股份公司化。但是，作为住友财源根基的别子矿山直到1927年才从总部独立出来成为股份公司。这一变化的轨迹可以从上一章住友"社则"的演变管窥一二。别子矿山对于住友而言具有特殊的重要性，别子的分离与"社则"中其特殊地位的消失（1928）密不可分。只有当别子矿山具备了同其他部门同等地位的时候才实现了股份公司化。另外，住友成为法人资格的合资会社是1921年的事情了。虽时有踟蹰，但是最终还是朝着三井、三菱等控股公司的方向发展。

管理巨型化的组织机构，为何需要成为控股公司？首先从处理同族关系的角度来考虑，无论是三井、住友还是三菱，企业经营者优先考虑的事项是在各自名义下扩展其事业，并尽可能限制企业利益向同族的流转。为有效保存并管控企业的收益，需要设立一个能够与同族保持距离的组织机构。所以三井不是在同族会，而是新设立三井合名会社从整体上管控并分配利益。如果没有这种必要，三井完全可以将同族会改组成为控股公司。之所以没有这样操作，其目的就在于摆脱同族会的干涉从而实现企业经营的自主独立。

控股公司被赋予的重要职能是，把握企业多元化经营的方向并根据新的形势抓住商业机遇。从宏观上调控各部门的发展速度和利益分配，谋求财阀整体的发展，并根据新的发展需要投资新的事业。控股公司既是输送人才的总司令部，也是协调企业发展的参谋本部。

"法人化"与控股公司

另一个问题是，财阀为何要将子公司改组成股份制公司？为何三菱拘泥于"事业部制"的形式而迟迟没有完成向控股公司的转型？

与之相关的是另一个非常有趣的事实。如表 6-6 所示，这一时期相继有多家企业完成了控股公司的改革。此前我们已经讨论了三井合名成立背后的动机。历史学者将以三井合名为中心的控股公司化改革称为"三井合名体制"。

表 6-6 控股公司的设立

单位：万日元

成立时间	公司名称（缴纳资本金）
1909	三井合名(5000)
1912	(名)安田保善社(1000)
1915	涩泽同族(330)
1917	三菱合资(3000)、古河合名(2000)、(名)大仓组(1000)、(名)藤田组(600)、(名)森村同族(500)
1918	浅野同族(3500)
1920	山口合资(1000)、(资)川崎总本店(1000)、大川合名(1000)、(名)久原本店(1000)
1921	住友合资(15000)、鸿池合名(1700)
1922	野村合名(2000)

注：括号中的"名"和"资"分别为合名会社、合资会社。
资料来源：東京興信所『銀行会社要録』、1914 年・1919 年・1924 年。

    安田财阀紧随其后，于 1912 年设立了"安田保善社"；涩泽荣一则在 1915 年成立了名为"涩泽同族"的公司。之后三菱合资、古河合名、合名会社大仓组、合名会社藤田组、森村同族、浅野同族（浅野总一郎）、山口合资（山口银行）、合资会社川崎总本店、大川合名、合名会社久原本店、住友合资、鸿池合名、野村合名等悉数登场。此外还有规模较小的同族会社、控股公司不等。总之，控股公司化引领了时代风潮。①

    之所以会产生这样的热潮，需要考虑当时的时代背景，简单说就是"避税政策"的体现。这些企业为了尽可能地少纳税而

---

① 粕谷誠・武田晴人「両大戦間の同族持株会社」『経済学論集』56 巻 1 号、1990 年。

实现了法人化，因为法人组织所缴纳的税率比个人要低。

这一时期法人税并不是独立的税种，现在的法人税相当于当时所得税中的第三种类型。而且，股份制公司（株式会社）与合名会社所缴纳的税率亦不相同。其中，股份制公司的税率较低，其他类型的公司则要高一些。如果收益较高的企业同时希望减税的话，那么股份公司化是一个很好的选项。三井物产株式会社显然要比三井物产合名会社缴纳的税要少，基于此各大财阀才向着股份公司化的方向发展。之所以这么推论是有数据支撑的。当时法律的例外规定如下：如股东人数不足 20 人的股份制公司，则适用于合名会社、合资会社等较高的税率。日本在日俄战争时期引入所得税，并根据上述原则做出区分。大财阀显然是意识到了上述股东人数的限制，例如三井物产成立时的股东人数是 32 人，三井银行是 25 人，三菱造船是 25 人，三菱矿业是 26 人，三菱银行是 29 人，住友电线制造所和安田银行均为 21 人。

上述各大企业的股东人数中显然有凑数的成分。根据过去"总有制"的原则，只有同族才能够成为股东，股份公司化之后股份理应向同族手中集中。但是当时的商法规定，成为董事会成员的前提条件是成为该企业的股东，所以不排除部分企业为了凑足人数安排十多名董事会成员，并让他们成为象征性股东的情况。再加上 20 人以上股东的股份制公司税率较低，所以最终大多数企业的股东数量在 20 人以上。

以减税为目的的法人化促进了股份公司化的进程。股份制公司的税率是累进税率，收益越高减税的效果越明显。如果企业预期收益较低，那么完全可以不考虑股份公司化。例如这一时期的三菱合资，由于当时造船部等部门的利益很少，即使各个部门加总起来，总收益也没有高到值得以股份公司化来获得减税的程度，所以股份公司化并不是一个合适的选择。

或许是基于上述原因，三井和三菱对待股份公司化呈现出不同态度。二战后，三菱造船的赢利越来越多，开始考虑减税问题，子公司与总社相分离并股份公司化就是顺理成章的事情了。总社向着控股公司的方向发展，减税至少是重要的原因之一。

除此之外还有一个重要理由。三井在考虑对其组织进行改革时，内部曾进行了多次的讨论。益田孝作为中心人物在考察西欧公司制度归来之后，曾向三井高层历陈事业部门股份公司化的重要性。

其理由除前述的减税之外，还有"责任的限定"。股份制公司是有限责任制，股东只需要对自己出资的部分承担责任。公司如果面临破产，股东只需要放弃自己出资的部分（股份），不必背负更多的公司债务。但是，合名会社的话，其出资者承担的则是无限责任，公司破产时所产生的债务与出资额无关，需要全额偿还。因此，如果将旗下子公司改组成合名会社，一旦经营不善则可能给同族带来经济损失。当然，三井物产真的破产了，三井同族也不能熟视无睹。因为放任其破产的话，那么三井银行和矿山的信用也会受到影响，三井全体将不可避免地陷入困境。不过，从法律上来看将责任进行限定确实是股份制公司的优点，所以益田才有上述主张。

既然税金低廉，为何总社要维持合名会社的身份而不追求股份制化？这又涉及我们接下来要讨论的问题。事实上确实有总社成为股份制公司的案例，如表 6 - 6 所示，涩泽同族等股份制公司（株式会社）就是其中的代表，确实也符合涩泽所谓"合本主义"① 的一贯主张。

不过从整体来看未实行股份制的总社占比较多。因为对于总社而言，股份制要面临更多的问题。其中一个就是信息公开的问题。股份制公司有义务向其股东公开经营信息，同时还要向指定银行提供会计、决算材料，对于财阀总部而言这是其想要避免的事情。

基于上述判断，各大财阀总部延缓了法人化的进程。作为控股公司，其收入主要来源为各子公司根据配比上交的利益（红利）。根据当时的所得税制度，从红利所得的收入是不会被扣税的，因为红利作为子公司利益的一部分已经由子公司缴纳了法人所得税，如果再次课税就会变成重复课税。控股公司根据税法的规定，基本不产生直接收益，纳税的负担也较小，这也是避税策略的重要尝试。

所以，对于企业总部而言，完全没有必要发展成为有义务公开企业经营信息的股份制公司，只需要维持合名会社、合资会社的身份即可高枕无忧。总部可以在合名会社与合资会社二者之间做出选择，不过选择成为合资会社的居多。除了三井使用合名会社这一形式外，三菱和住友采取合资会社的形式。合资会社意味着旗下若干大型股份制公司合资成立，这形成了财阀的基本组织结构。

---

① 涩泽荣一将资本主义理解为"合本主义"，主张企业应当以追求公益为目标，人尽其才、物尽其用从而实现共同获益的目标，而股份制公司正是"合本主义"的主要体现。——译者注

以上就是截至 20 世纪第一个十年财阀股份制的基本过程，以及税制对企业形式选择产生的影响。子公司基于减税这一目的稳步向股份制的方向推进，而总部也基于减税这一目的继续维持合名会社和合资会社的形式。

总部的功能

在财阀的康采恩组织形式下，财阀总部对子公司原则上采取百分之百出资这一排他性所有形式。总部百分之百享有子公司经营的红利。无论股东是 21 人还是 29 人，翻开三井合名会社的决算表可以发现，总部全额获取子公司的红利。这种完全不合逻辑的现象，恰恰反映了所谓的股东只是名义上的股东，是为了股份制改革而填在股东名册上的姓名而已，股东不会获得公司的分红。当然，所谓的分红是以工资的形式予以支付，在会计记录上其红利完全归于总部。

资金层面的控制权虽然归结于控股公司，但是涉及具体经营的指挥权则渐渐向子公司集中。因为随着子公司经营业务规模的扩大，总部也无法做到事无巨细、凡事监督。例如银行系统出身的总部高层并不意味着他熟悉矿山的情况。随着各个子公司独立性、专业性的增加，总部能插手的事务越来越有限。随着子公司上呈总部的请示件的增加，总部虽有意愿却无能力做出正确的裁决。财阀的最初构想是希望总部能够成为企业发展的参谋本部和总司令部，但事实上这些功能越来越"空壳化"，这反映了组织机构背景下控股公司康采恩化的真实情况。

子公司在不断提高专业性的同时，立足于现场的经营者可以充分发挥其专业知识，从而提高了公司经营决策的有效性。一线的经营人才能够发挥多大的聪明才智，子公司能够获得多大程度的自由度是子公司发展的关键。随着子公司规模的扩大，诸如将矿山事业委托给矿山领域的专业人士来打理并专注于扩大该领域的经营显然具有合理性。

其实在控股公司成立之初，财阀确实希望强化对子公司的管辖，从而实现集权的目的。关于这一点，无论是三菱还是住友，在其初期的组织规程中都有明确的规定。但是随着各子公司事业的不断发展，实际的运营开始向着分权的方向发展，这就是上述所谓总部功能"空壳化"的重要原因。

但有一点仍需要注意。在对子公司百分之百排他性控股的前提下，总部针对子公司的事业发展规划有义务提供必要的资金支持。本部的资金并非无穷无尽，所以也会对子公司发展规划的规模以及所需要的资金特别是投资的优先顺序有所调整。也就是说，总部尊重各子公司在发挥专业性的基础上制订的发展规划，但在资金领域进行调整仍是总部的重要功能。事业规划可行性需要从专业领域和资金领域两个层面来判断，子公司和总部两者在同等水平线上实现了分工，并各自履行责任，这是财阀在控股公司模式下摸索出来的新型组织形式。为了确保这一责任分工体系的稳定，财阀制造出了所谓的"内部资本市场"，本书第 12 章将重点探讨这一问题。

当然在这一时期也不是所有的财阀总部向着"统辖－调整"型的方向发展。三井合名、三菱合资、住友合资显然符合我们讨论的范畴，但也有一些财阀发展成了单纯追求成为资产保全型的企业，对旗下的分公司及各部门完全放权，不再具有任何影响力。

从出资者的形式来看，无论是大财阀还是地方财阀基本上都有所谓的总部和各事业部门（子公司），这些是完全相同的。但是，总部演变成为单纯的资产保全型企业后，旗下虽有子公司，但是总部与子公司的关系仅限定于单纯的投资关系，出资者不再关心所投资企业的具体经营情况。虽然从外观上看，三井等大财阀与地方财阀并无二致，但是总部实际上扮演的角色有重要差别。

三井是"统辖-调整"型的代表，多元化发展的子公司相继发展成为巨无霸企业之后，三井总部仍然致力于对各子公司的统辖，这是三井合名会社的重要特征。另外一些小规模的资本家、企业家在成立了控股公司之后，便不再拥有作为公司总部的职能，成为单纯以保全资产目标的公司之后，他们就不能称作"财阀"了。整体而言，在经营方式、企业规模、税制改革等多重环境发生变化的背景下，日本企业进入了控股公司的时代。

7 职业经理人的登场：
现场的智慧与管理

随着财阀的成长，其组织越发庞大，在组织运营上不可避免会产生各种问题。本章主要讨论财阀对该问题的解决方案。职业经理人的登场为财阀解决了组织运营的难题，此处的职业经理人即英文"salaried manager"（领薪管理层），他们与作为所有人（owner）的经营者之间有何不同，这是本章要着重讨论的话题。

基于家产的所有与经营能力

职业经理人的出现是多方因素导致的结果。最根本的原因并不在于谁拥有经营企业的能力，而在于这种能力是在日常经验积累的过程中培养出来的。企业作为一个组织，毫无疑问是由出资者创建的。有才有能之人拿出钱财、购买设备、雇用人员，在创业的初始阶段出资者（即所有人）承担着经营者的角色。

那些创始于江户时代的财阀，在总有制的框架下实际支配下属所有企业。待同族的第二代、第三代继承家业时，他们未必能够完全承担经营管理的角色，因为不能保障这些继承人具有运转企业的能力。

运转一家企业需要多方面的资质和能力。好球员未必能够成为好教练，有钱人未必能够成为好老板。即使遗产税再高也有从父辈那里继承而来的有钱人，但是不敢保证这些有钱人像父辈一样能够出色地继承家业，这是职业经理人出现的客观原因。

从另一个角度来说，家业也好、家产也罢，能够将其发扬光大的人不一定会在所有人或者其家族中产生，将其经营权委托给有能力的人，对于企业的发展而言大有裨益。

那么所谓运转企业的能力是怎样培养的呢？单纯考虑先天的资质肯定不合适。每个企业都有其传统和个性，运转这样的组织需要在熟悉企业个性的基础上发挥主观能动性。这时先天的资质必然让位于后天的努力。也就是说，经营能力高的固然有先天的成分在里面，但更重要的是学习的能力、把握机会的能力及经验积累。所有者在一出生或许就注定会成为所有者，但是经营者可不是这样。恰恰是因为有这样的差异，同时具备所有者和经营者资质的人相对较少，职业经理人的出现成为必然。

财阀的前身都是传统的商人，他们深知职业经理人选拔的组织原理。这其中最具代表性的案例就是三井和住友。带领三井渡过幕末维新动乱期的三野村利左卫门并非三井家的人，因其过人的能力而被三井家推举为番头。住友家的番头也不是家主，而是经过层层提拔的外姓人广濑宰平。诸如三井、住友这样具有家族传统的企业，从有能力的手代、番头中选拔更有能力者，并把企业经营管理的大权委任给他们，这是这些家族企业能够延续的重要原因。或聘为番头，或认作女婿，通过各种方法留住有能力的经营者，日本的传统企业在时代演变的潮流中如此积累经营管理的经验。①

但是到了明治时代以后，出现了一批另类的企业。明治时期的新晋财阀中，创业者自身实力本就很强，在经营管理领域也能够独当一面。如三菱的岩崎弥太郎、弥之助，通过直接指挥经营扩大了其商业版图。当然我们不否认三菱内部也有非常优秀的职业经理人，但是一旦说起三菱，肯定首先想到的是以岩崎兄弟为核心的经营管理团队。安田财阀的安田善次郎、古河财阀的古河市兵卫亦在此列。

这类创业者是比较有个性的存在，自己一手创造了企业，财权、话语权一手在握。如果不是这样，恐怕在这一时期也没有办法取得成功，这是"所有者型"经营者出现较多的原因。

但是，随着时代的推移，所有者的影响力也开始弱化。以三菱为例，三菱银行有丰川良平，三菱矿山有南部球吾，这种专业领域的经营高层吸引了更多的关注。此乃大势所趋，克里斯马型的创业者自然掌握经营管理的指挥权，但是进入稳定发展的阶段后，具有专业知识的经理人开始掌握经营的权限，这是企业成长的逻辑。

那么，是从什么时候开始出现这一现象的呢？

专业经营能力的必要性

所谓必要的能力可以从多个方面展开，我们这里主要讨论三

---

① 武田晴人『日本人の経済観念：歴史に見る異端と普遍』岩波書店、2008、第一章。

点。对于较小的企业组织，并没有对工作进行细分的必要，企业需要的专业管理人员必须是多面手，不一定需要太高的专业能力。但是随着企业的发展壮大，对专业的细分和需求也开始增加，关于这一点不仅仅限于企业，也是大多数组织机构的基本特征。那么我们考虑问题的出发点在于为何大型企业集团需要专业的经营管理能力。

第一，企业越大，从各个层面产生的信息量也越大。对于企业而言，随着自身的发展壮大，构成企业各个单位的业务都成为企业统管的业务。企业内的单位各司其职、相互协作。在金字塔结构的组织框架下，越往下走枝节越多，对于高层而言往往不能掌握中下层的动态。对于企业而言，具体哪个层级的哪个环节有何问题，具体出台何种对策等，需要一个对此进行统管和决策的司令部，即所谓政策制定的中枢机构。在企业层面，通常称这种方式为高层管理（Top Management）。为了实现有效的高层管理，高层要准确把握现场的情况，为此需要对信息进行必要的收集。

如果不能够对收集的信息进行甄别和选取，那么就不能保证做出正确的决策，这就进入我们要讨论的第二点。如果企业规模较小的话，高层领导直接到现场勘察了解情况即可，然后做出直接指示。正如本田宗一郎①在创业初期巡视工厂那样。但是，企业规模扩大后，信息的收集和甄别就成为非常重要的工作。

在日本的企业中广泛存在着所谓的请示、报告、提案等多种信息上呈方式。在科层体系的管理模式下，具体的信息要上报部

---

① 本田宗一郎，本田汽车创始人，本田技研创始人。——译者注

长、董事还是总经理，其实有着明确的规定。不是所有的信息都可以直接上报给最高层，因为在层层上报的过程中，重要的信息也有可能因此而过时。相反，如果不去顾及来自底层的信息，而以专断的方式做出决定也会产生相应的风险。社会主义的苏联之所以崩溃，最重要的原因之一是中央高层罔顾事实按照计划推进政策。中央层面将所有的信息聚集于手中，即使今天信息化时代恐怕也无法处理这么多的信息，最终导致错误决策的产生。

提高信息处理的能力关键取决于人，取决于人的专业性。所谓分工，就是在提高专业性的基础上强化企业效率的一种手段。如何甄别必要的信息进行上报，这是中层职位领导的重要职责。因为他往往扮演的是信息过滤器的角色，重要的信息上报、不重要的信息舍弃，原理看似简单，但需要的是这些专业经营者敏锐的判断力和决策力。对于中层人员而言，需要在自己权限范围内判断信息的重要性，而高层则需要做出最终的决策。两者虽然分工不同，但是盘活了企业的机能，本质上而言所扮演的角色是同等重要的。

第三个重要的问题与权限有关。"上呈"意味着决策的权限在于高层，但是信息重要与否、上呈多少信息量等具体的判断和裁决的权限也需要做好安排。因为高层不可能顾及这么多具体事项，分权化意味着信息垄断的权力要下放给中层，并且由他们来做出判断。

企业经营的权限不可能完全由董事会、常务董事会或者董事长垄断，这样会导致工作效率恶化。最简单的解决方式就是权力下放，这样可以提高决策的效率。往更积极的方向来说，权力下放或可产生更有见地的决策方案。针对具体的问题，直接担任部门的责任人或许比上层的责任人能够摄取更多的信息，掌握更多现场的情况，从而提出正确的解决方案。因为第一线的车间主任比公司总经理更了解现场作业的问题，在这个领域他是专家，具有更多的发言权和解决问题的方法。当然，如果是涉及投融资的问题，大可将这些工作委托给有专门金融知识和经验的专业人员。

权限的委任和权力的下放意味着在提高效率的同时，可以在具体问题领域发挥专业人员的智慧并做出最恰当的决策。所以，分权化是经营合理化的重要方式。

当然，这样做也不是完全没有风险。因为权限的委任和权力的下放意味着并非所有的决策都是高层目之所及，如果下面的一些部门冒进，必然有打破组织整体平衡的风险。所以，高层要从宏观上管控，提高企业的向心力，确保上下两级沟通衔接流畅。这也是优良企业不可或缺的素质和能力。

财阀的个性与特质

相较于前述一般大型企业所产生的问题，财阀所面临的问题多少有些差异。对于一般企业而言，正确且高效的处理信息及与之相伴生的管理等问题，可以通过培养中层专业管理人员的方式解决。但是财阀在应对这一问题时面临着特有的困难之处。

这跟财阀的性质有关。众所周知，财阀主要经营的事业有银行、商社、矿山、造船等。这跟工业革命时期的英国有很大的不同，工业革命初期的英国诞生了相当多数的纺织企业，这些企业多呈"一企业、一工厂"的结构，且这些纺织企业往往集中于兰开夏等地区，日本初期的纺织企业也呈现这种集中化的特征。但是，对于财阀的组织系统而言，从一开始就呈现多家企业散布日本各地的情况。三井在江户时期就在大阪、江户、京都等地有分店，这些门店主要以汇兑业务建立联系。但是到了明治时期后，最大的部门转移到了三池（煤矿），此外三井银行和三井物产相继将总部设在东京。地方则有筑丰煤矿、神冈矿山、北海道煤矿等。三井物产甚至在海外设有支店。三菱的总部虽在东京，但是在东北有若干矿山，在长崎有造船所，此外还有筑丰煤矿，还有位于岩手和新潟的小岩井等农场。

财阀在全国各地都有事业所，而且不是像联合企业那样集中在特定的地区。针对这样分散的组织机构，对于财阀总部来说如何管理从北海道到九州的这些分散企业成为重要的课题。因为信息的传递速度很慢。例如，三菱在长崎的造船所考虑一项新的设备计划方案，因为决定的权限在总部，所以需要将长崎的方案呈送到总部，经过总部审议之后再返回造船所。

这一程序看似简单，但在明治前半期（1868～1890）并没有现代的交通工具。半数以上的行程需要徒步、马车或者船运。也就是说信息的传递速度非常缓慢，基本相当于以人移动的速度来传递信息，正常情况下从东京到长崎也需要3～4天的时间。

我调查了这一时期三菱财阀的相关记录文件后发现，这一时期业务上的往来主要通过信件的方式。书信往返快则三四天，一般需要一周时间，这还是总部立即决定的情况。如果总部展开深人讨论的话，最终花费多少时间就不确定了。在此种背景下，如果能够派遣负责人到现场并委以全权，总部不干涉重要决定的话，可以让决策更加通畅。或者尝试更加快速的通信手段，三菱在这一时期已经开始使用密码电报通信，但是密码电报不能详述内容，电报往往以"详情另送"收尾。

对于财阀这种相对分散的组织而言，必须发展成为对现场赋予重要权限的组织。还是以三菱为例，在接手长崎造船所之后，如何经营好并且拓展造船所的业务是进入20世纪初期后的重要课题。其实有不少来自造船所的提案，但是跟总部的交涉总是不那么顺利。为此，三菱总部派遣岩崎的直属部下、位居从业人员最高位的庄田平五郎在保留总部管事（职务）的同时，赴长崎处理日常事务。也就是说，位居最高职位的常务董事作为总部的代表责任人赴长崎就任。庄田在长崎任职四年，而总部管事一职为他空着。通过这种方式，总算完成了造船所的改革。要实现快速正确的判断和指挥，从总部派遣高层人士直接过问是恰当的方式，三菱显然尝到了甜头。

下面再介绍古河的案例。古河最大的事业所是足尾铜矿。足尾位于偏僻山区，要去此地要么从日光（地名）翻山，要么走群马县一侧的渡良濑川抄小道。1880年代铜矿开发初期，足尾到东京的信件往来一般要一周的时间。古河市兵卫一周大概要写两三封信，但是信件往往会寄错或者错过，因为到达的信件往往是对方一周前寄出的，此时他或已经在写下一封信，如此经常出现信息传达不到位的情况。

为了避免混乱，古河市兵卫在写信的时候通常把信件按照日期编号并且复述前一封信件主题后再执笔信件的正文。这样一来，阅读他的信件，能够同时了解从足尾发来信件的大体内容，是一种解决问题的智慧。此外，古河市兵卫安排最信任的下属木村长兵卫和木村长七为足尾的责任人，并赋予重要权限。这也是不得已而为之的决定，毕竟相距甚远、信息迟缓，如果没有得力助手在现场监管，毕竟难以对散居各地的事业所实行直接管理。这是财阀形成初期在组织形式上的一个特色。

当然，财阀在这一时期的组织状况不能单纯用分散来形容，还有集中的一面。例如，三菱在东北地区荒川和尾去泽、生野（兵库县）等地金属矿山出产的矿物大多要集中到大阪，最后通过神户港外运。此外，筑丰煤矿的煤炭要集中在若松支店。也就是说三菱实现了产品销售窗口的一元化。基于销售一元化的方针，销售部门可以集中精力向商事会社的方向发展。生产的各个部门虽然分散，但是销售是集中的。矿山部门出产的金、银、铜，其销售的对象并不是产地周边的客户，筑丰即使产煤也不是应周边的需求而挖掘的，必定要销往毫无关联的其他地区。这时就需要专业的销售人员。挖掘现场有专业从事采掘的技术人员，而销售的现场则在其他地方，例如若松或大阪，需要发挥这些地方人员营销方面的聪明才智。

销售并非单纯意义上的集中，长崎造船所产品的销售、材料的购买并非由位于长崎现场的责任者负责，而是由位于东京的本部负责。因为最重要的顾客是海军省、日本邮船（公司）等，位于东京的合同负责人负责磋商，长崎只需要建造或修理即可。材料和必要机械设备的购买则由位于神户的事业所来完成。如此

113

一来，原材料购买和产品销售分别集中到特定的据点，而筹措资金事宜由东京总部处理，产品销售所得款项由若松或大阪代收，会计账簿的管理则还是由东京总部负责。财阀的组织结构貌似分散在各地区，但是涉及原料购买、产品销售等环节其权限则相对集中。

比较典型的案例是古河。古河在这一时期专营铜矿。主要分布在足尾及东北各地，挖掘出来的铜矿全部运往横滨，并通过外国商馆出口。产品从矿山到港口的全过程都由东京的总部进行管理。

古河的本部除了将购买和销售集中在一起，还管控着矿山开发所必需的资金。东京本部通过运往横滨产品的销售情况来掌握各个矿山的业绩（年产量）。矿产品的销售收入不会直接进入矿山的腰包，而是由总部掌控。矿山可以根据实际需求向总部请求财政支持来支付员工的薪酬。当然，总部不会照单接收，而是对实际需要的金额进行判断后做出决定。总部通过销售和资金分配实现了对现场生产经营的绝对控制。古河会派遣信赖的助手到现场管理，但是钱袋子牢牢掌控在总部的手中，这就是古河组织经营的基本方式。

三菱的情况如前所述，金属矿山的销售额纳入三菱在大阪、神户等的支店，由位于东京的总部直接管理。所以，资金管理的集权化是该时期财阀经营的主要特征。

这种生产与销售分离的组织方式不可避免会产生另一个严重的问题。位居生产第一线的人员只负责生产、不负责销售，那么自己产品的销售价格就无从知晓。对于现场的责任人而言，他们不需要关心产品的价格，只需要挖掘和生产。这样就会影响到产品生产的效率和积极性，因为产品一旦销路不畅，谁也分不清究竟是生产环节的问题还是销售环节的问题，最终无法确认责任究竟在哪一方。

解决这一问题的方式在于做好财政年度的预算。现场责任人做好年生产目标预算，例如本月生产 100 吨煤，且以每吨成本 60 日元的价格进行挖掘等。生产现场向总部提交详细的预算书，经过总部审查通过后予以执行。经过一个月的实际生产之后，再来确认是否产煤 100 吨，且每吨成本是否为 60 日元，在此基础上对现场的责任人进行评价。这一制度体系在明治时期就已经形成，从发生学的角度来看，这是分散型组织结构在经营管理领域衍生出来的方式。在现代的巨型企业集团中，各事业部门主要采取"交换价格"的方式处理这一问题。例如，巨型电器企业的半导体部门通过向计算机部门评估半导体售价来设定销售价格，从而据此做出事业部门的预算收益。当时的财阀并没有这样的意识和条件，所以才有通过预算制度来实现目标管理的这种方式。

根据上面的讨论可以看出，财阀所具有的三大特征为，组织分散在各个地区、对各分散地区的现场经营下放更多的管理权限、销售和资金相对集中。在出现专业经理人的大背景下，财阀的上述三大特征日益鲜明，这一关联性特别值得关注。一般认为美国学者加德纳·米恩斯（Gardiner C. Means）对股份制公司的研究推进了人们对职业经理人的关注。他对此提出的假说是，随着股份制公司的发展壮大，所有者靠个人出资已经无法维持公司的运转，只有通过股票市场以发行股票的方式筹集更多的资金。也就是说，随着股东数量的增加，所有者的持股比例相对下降。与此同时，持有小额股份的股东（散户）的发言权较弱，从而把经营的实际权力转移到职业经理人的手中，这就是所谓所有权的分散。[1]

所有权的分散在削弱股东权限的同时，强化了职业经理人的权限，这是学者在美国调查后得出的结论，当然是现代企业的基本特征。基于这一调查，衍生出了所谓"管理资本主义"（managerial capitalism）的讨论。即职业的领薪管理层发挥实际领导力的企业越来越多，资本主义初期那种资本家与劳动者相对立的时代已成为过去，职业经理人逐渐发展成为引领经济社会发展的新阶层。当然，现在美国的实际情况开始发生变化，股票开始更多地集中到专业的投资机构（基金公司）手中。在此背景下，股东的发言权又开始得到强化，所谓公司即"股东的公司"这个说法正是这一变化的体现。

上述对职业经理人产生之契机的分析比较符合美国股东权力相对分散的实际情况，却未必适用于财阀控制的日本企业。因为财阀就是企业的所有者，所谓子公司也多是财阀总部百分之百控股的公司。在所有权完全没有分散化的背景下，为什么还会出现职业经理人呢？

究其原因，我做如下几点思考。对于美国而言，股东的分散造就了美国繁荣的股票市场。股东不过分干涉经营管理从逻辑上

---

[1]　高橋伸夫『経営の再生：戦略の時代・組織の時代』有斐閣、1995。

是可以理解的，因为一旦对企业的经营有所不满，股东完全可以将所持有该公司的股票卖掉，从而购买别家公司的股票。选择权握在股东手里，只要股东对企业经营、股票价格有不满，他们可以在股东大会上提出质疑，也可以选择抛售股票。

日本财阀的不同之处在于，因为"总有制"原则的束缚，财阀的同族是不会选择逃避的。对于财阀而言，如何限制同族的权力才是主要关心的问题。正如我们前面所讨论的那样，同族未必具有专业的经营管理能力，"番头政治"应运而生，积极任用并将经营权限委任给职业经理人正是"番头政治"的运作机制。历史相对短暂的美国，不太可能产生与日本相似的运作机制。

在财阀下属各企业看来，同族是绝对不会出售股份的稳定股东。虽然一战后部分财阀公开出售了一些股份，但是大多数财阀的同族仍然是最稳定的股东，至少经营者通过购买股份成功逆袭的可能性不会发生。对于经营者而言，由于同族提供企业发展所必需的资金，他们只需要专心于企业的经营。如果同族无法提供，就需要开放股票市场，仰赖于外人的投资。对于子公司而言，亦不需要担心资金的问题，现场的经营者只需要做好本职工作，就可以获得高层的积极评价，日本财阀培养的正是这种类型的专业经理人。

财阀的专业经理人

从这个角度而言，财阀的专业经理人从内部提拔更为合适。战后日本的企业高层管理人员也多是通过内部晋升机制提拔上来的，因为这些人员更加了解企业的理念和文化。但是，最初这些高层管理人员真的主要是内部晋升上来的吗？答案是否定的。

森川英正先生总结了明治初期财阀经营者的一览表。① 该表统计了明治时期三井、三菱、住友、安田等财阀除同族以外担任财阀总部及子公司高层管理人员的名单。这些财阀组织大小有别，登场人物数量也各不相同。例如，三井有三野村、中上川彦次郎、益田孝、团琢磨等，他们各自主营银行、物产和矿山。细查这些人的学历和经历可以发现，三野村是在做汇兑商生意时被三井"挖"走的；团琢磨是麻省理工学院出身的高才生，作为官营三池煤矿的技术人员在官产变卖的过程中被"打包"出售给三井。

三菱的高管如庄田平五郎是庆应义塾教员出身的"跳槽组"。住友的广濑宰平是内部晋升上来的高管，伊庭贞刚是"跳槽组"，他最初的职业是一名神官②。他们的经历虽各不相同，但最终都成长为住友精神支柱式的人物。住友第三代大番头铃木马佐也（住友本店总理事）是帝国大学出身，从农商务省参事官任上入职的"空降组"③。

整体而言"跳槽组"的数量更多一些。森川的调查包括了非财阀企业的经营者数据，1905年这一时间节点内部晋升的人数只有8人（表7-1）。这8个人就是所谓从学徒工做起的专业

---

① 森川英正『日本財閥史』、95-98頁。
② 在神社掌管祭神的人。——译者注
③ 空降或曰下凡（天下り），是日本政府高级官僚在任期中或临近退休前到民间企业或特殊法人机构担任重要职务的现象。——译者注

经理人。39 人中有 22 人是在别处工作中途入职的所谓"跳槽组"人员，中途入职是明治时期企业用人体制的特征之一。但是到了 1930 年，内部晋升的数量开始增多，占比超过半数。

表 7 - 1　专业经理人的职业经历

年份	1905	1930
内部晋升	8	247
中途入职	22	149
派遣高管	7	50
不　　明	2	24
合　　计	39	470

资料来源：森川英正『日本経営史』日本経済新聞社、1981、78 - 80、153 頁。

让我们从另一个角度来看 1905 年的数据。根据森川的统计，这些人士成为经营高层时都相对年轻，其中 40 岁以下占比 42.8%。另外，包括帝国大学、庆应义塾大学、海外留学在内的高学历者占比达到 62%。

表 7 - 2 所示为代表性企业专业经理人数量的统计数据。在整个明治时代，企业中无专业经理人的数量没有明显变化，但是到了昭和时代其数量骤减。1930 年专业经理人在 2 人以上的企业占据压倒性多数。通过 1913 年和 1930 年的比较可以发现（表 7 - 3），早期企业董事会中极少有专业经理人的身影，到了昭和初期这一局面开始出现逆转。在经历了明治、大正到昭和时代之后，毫无疑问日本的企业进入了专业经理人的时代。这一调查结果针对的是当时所有的日本企业，其中财阀系企业也符合这一特征。

表 7 - 2　日本经营者主导型企业的发展

专业经理人数量	1905 年	1913 年	1930 年
0 人	47	48	15
1 人	22	38	27
2 人以上	5	29	113
2 人 ~ 半数	—	—	71
过半数	—	—	42
不明	1	0	3
合 计	75	115	271

資料来源：森川英正『経営者企業の時代』有斐閣、1991、15 頁。

表 7 - 3　经营者主导性企业比重的增加

董事会中专业经营者比例	1913 年	1930 年
0	26	2
不足 1/3	24	18
1/3 ~ 1/2	13	16
1/2 ~ 2/3	5	15
2/3 以上	1	14
合 计	69	65

資料来源：森川英正『経営者企業の時代』、15 頁。

　　日本这种通过内部晋升提拔专业经营者的机制，结合财阀独特的人才培养体系，可发现其中的相关性。对于财阀而言，"人"是企业经营的核心。财阀会对信赖的部下委以重任，负责企业现场的运作，大多数财阀将这些人才作为将来的干部进行培养，所以采取的是财阀本部统招的方式。当时有关本部和各事业部门的区分未必明确，所以本部统招统分的方式维持了相当一段时间。也就是说，住友的话就由住友本店招聘，三井则由三井合名招聘，招进来之后再根据需求统分至三井物产、三井矿山、三井银行等。人事任命集中于本部是财阀的重要特征。本部将这些未来有望成为子公司高层管理人员的人才统招进来后，结合个人的专业领域和企业发展需求，向着专业人才的方向培养。当然，也有些人才是一直留在本部成为管理或者会计的专家。为造船会社、矿山会社等培养专业的经营者可以说是其人才养成模式的特征。

当然，企业组织规模越大，其职业的晋升体系和程序就越规范，所花费的时间也就更久一些。针对这一点，森川在表 7-4 中对不同时期晋升为董事的专业经理人所花费的时间做了简单的统计。明治到大正时期，员工从入职到成为董事平均约 18 年。如果以大学毕业入职算起的话，那么成为董事的年龄大约在 40 岁。前文我们提到 40 岁未满成为董事的比例为 43%，表 7-4 刚好印证了这一说法。

表 7-4　就任董事所花费的时间

姓名	企业	入职年份	就任董事年份	时间(年)
1905 年之前				
近藤廉平	日本邮船	1872	1889	17
渡边专次郎	三井物产	1879	1895	16
山本条太郎	三井物产	1881	1904	23
土岐僙	第一国立银行	1887	1905	18
山边丈夫	大阪纺织	1880	1895	15
				(平均)17.8
1905~1913 年				
林民雄	日本邮船	1891	1911	20
福井菊二郎	三井物产	1883	1909	26
藤正纯	钟渊纺织	1893	1907	14

姓名	企业	入职年份	就任董事年份	时间（年）
南部球吾	三菱合资	1881	1908	27
岸敬二郎	芝浦制作所	1895	1911	16
牧田环	三井矿山	1895	1913	18
池田成彬	三井银行	1895	1909	14
喜田又藏	日本棉花	1894	1910	16
木村驹吉	大阪电灯	1895	1909	14
井坂孝	东洋汽船	1896	1910	14
				（平均）17.9
1913~1930 年				
石井健吾	第一国立银行	1895	1918	23
加藤武男	三菱银行	1901	1919	18
菊本直次郎	三井银行	1892	1918	26
冈桥林	住友银行	1906	1929	23
各务镰吉	东京海上	1888	1917	29
高田直屹	王子制纸	1893	1914	21
津田信吾	钟渊纺织	1907	1926	19
朝仓每人	富士瓦斯纺织	1907	1920	13
关桂三	东洋纺织	1908	1926	18
斯波孝四郎	三菱造船	1899	1922	23
纳富磐一	芝浦制作所	1897	1919	22
竹内维彦	日本产业	1899	1918	19
三谷一二	三菱矿业	1896	1918	22
藤冈净吉	三井矿山	1897	1922	25
村田省藏	大阪商船	1900	1920	20
大谷登	日本邮船	1896	1923	27
永留小太郎	川崎造船所	1906	1920	14
新岛浅彦①	东丽化工	1905	1927	22
				（平均）21.3

注：①原文为大谷登，疑为作者输入错误，经确认应为新岛浅彦。——译者注

资料来源：森川英正『日本経営史』、154 页。

但是，到了昭和时代这一周期则延长了3年，平均约21年。也就是说，随着企业规模的扩大，在成为董事的道路上要学习的东西、摄取的信息随之增加，企业亦对人才的选拔愈加慎重。其实表7－4没有呈现出来，在财阀直系企业升至董事的时间要更久一些。可以看出，财阀在对高层人才的选拔任用上更加慎重。当然，其中或许也有学历差别对企业选贤任能及干部培养产生的影响。

关于学历的情况可参见表7－5和表7－6。这也是森川英正统计的数据。如表7－6所示，政府职员中法学士的比例占据压倒多数，企业职员中则是工学士（技术人员）的比例较高。此外，另一个特征如表7－5所示，企业职员中帝国大学出身者占比较高。其中，大企业的专业经理人中每五人就有两人是帝国大学出身，每三人中就有一人是东京帝国大学出身，这是1930年的调查数据。

表7－5　1930年大企业专业经理人的学历情况

学历	人数（人）	比例（%）
帝国大学	191	40.6
东京帝国大学	160	34.0
其他帝国大学	31	6.6
法科（专业）	62	13.2
工科（专业）	122	26.0
农、理科（专业）	7	1.5
高等商业学校	89	18.9
高等工业学校	26	5.5
其他专门学校	11	2.3

学历	人数	比例（%）
私立大学	69	14.7
庆应义塾大学	40	8.5
早稻田大学	8	1.7
其他大学	21	4.5
外国留学	8	1.7
文科	5	1.1
工科	3	0.6
实业学校	10	2.1
文科	6	1.3
工科	4	0.9
其他	42	8.9
不明	24	5.1
合计	470	100

资料来源：森川英正『日本経営史』、148 頁。

表7-6　法学士与工学士就职部门比较（1921）

	法学士		工学士	
	人数	比例（%）	人数	比例（%）
总数	7097	100.0	5054	100.0
政府机构	3289	46.3	1713	33.9
大学研究机构	176	2.5	477	9.4
自由职业	763	10.8	24	0.5
企业（A）	2869	40.4	2840	56.2
工矿企业（B）	1203	17.0	2684	53.1
B/A（%）		41.9		94.5

资料来源：森川英正『日本経営史』、151 頁。

　　企业在多大程度上重视员工的学历和出身，我们不得而知。当时日本企业对人才招聘并没有明确的标准，企业并不会依据大学的出身来预先判断个人的能力，而是主要依赖学校内部的选拔标准来招聘人才。

企业需要的是能够在生产和经营的现场发挥专业特长的人才，但是这种特长并不是在学校能够习得的。学校教授的是普遍性的知识，以及能够处理知识的一般意义上的学识。

企业所需要的专业特长对于未来的专业经理人而言尤其重要，但是在企业外部并不能够学到这些。此外，在某些特定的企业虽然学到了很多，但是到了另外一家企业这些知识未必有用。

所以，企业并不指望新入职员工在专业领域有多高的造诣，因为大学教育并不能保证他们能够马上适应生产经营的第一线。企业会在员工入职后结合他们的个人情况进行教育和培训，学历出身只是进入大企业的敲门砖而已。这种现象直到今天仍然存在，例如当今大学入学考试存在的等级差别，以及各大排行榜的出现就是最鲜明的例证。在当时，对于企业而言通过指定大学对口招聘，从学校中选择最具效率的人才。

这种方法也跟日本社会重视人际关系这一特点有密切的联系。日本社会的存在意义在于人与人的关系，所以才有了学阀社会、关系社会的说法。社会中之所以重视学历，是因为各大企业都希望自己的人才能够与对方的人才比肩，这样才可以在业务上发展友好关系，并最终有利于企业的长远发展。

对于新入职人员而言，不了解企业的事情完全没有问题。通过现场的专业培训，无论是工学士还是法学士都可以成为各自领域的专业人才。这在美国的聘任体系中是无法想象的。

二战后美国的专业经理人市场越发重视的是能够筹集资金的

人才，所以从大学的商学院开始就重视这方面能力的培养和塑造。为此，美国过于重视短期内企业业绩的提升，培养的是能够解决财务难题却无法解决现场难题的经营者。的确，对于教授方而言，其初衷是希望能够讲授放之四海而皆准的经营管理知识，所以把财务相关的内容放在了首要位置。对于企业而言，逐利的意图都是相同的，但是每个企业现场的情况各有不同。所以，美国的专业经理人与日本的财阀系经理人的不同在于把财务运营和管理能力分别放在重要位置。

日本的财阀所培养的财务运营领域的经理人往往被安置在财阀的总部。重视企业生产现场的经理人往往能够得到更多的评价，这是日本专业经理人的特征，所以在日本很难形成经营者为中心的市场。例如，三井矿山的高管非常熟悉煤炭行业，但是如果转到三菱矿业却未必能够胜任高管职位。因为涉及三菱矿山的特性、劳动管理的特点等都需要从头学习。在这种组织结构体系下，工资随着年龄的增长而增加，其重要意义就在于经验的积累受到企业的重视，日本以工龄定工资（年功赁金）的要谛正在于此。

8　商社热及其破产："大正泡沫"的资产负债表

　　进入明治下半期（1900~1912）后，三井、三菱、住友等财阀在日本经济结构中的存在感逐渐增强。本章重点介绍紧随其后谋求企业增长的第二梯队。这些企业为寻求发展机遇做了许多积极的尝试，但多以破产告终，通过第二梯队企业的成长史或可以反向窥视财阀的强势地位。

　　这些所谓的第二梯队企业在财阀史研究中被称为"二流财阀"，其实这是基于结果论的说法。"因为经营不好，所以才会二流"，这是被称为"二流财阀"的逻辑。但是企业发展的机遇期确实有过，如果能够抓住机遇甚至可以超越那些大财阀。

　　对于这些第二梯队的企业而言，最好的发展机遇期是一战。这一时期日本的经济快速发展，各种投资商社热潮如火如荼。如果对一战后日本经济史稍有了解就可知道，这一时期是日本经济发展的重要转折点之一。日本在一战前后从债务国变成债权国，在国际政治的舞台上从远东的"宪兵"一跃成为国联的常任理事国，无论从经济上还是政治上，一战都给日本带来了千载难逢的机遇。

一战的经济热：暴富的时代

一战的经济热主要体现在对外出口的热潮。一般而言，经济增长的驱动力来自内需或出口两种形式，这两者中的任意一者或二者同时扩大则可以带来经济的高速增长。

二战后日本的经济高速增长期，是以设备投资（即投资带动投资）为中心的内需扩大型增长方式。一战期间则是通过快速的出口扩张主导经济增长。出口扩大的原因在于国际市场的竞争对手如英国、德国等忙于欧洲的战事无暇顾及亚洲的市场。这让日本在此前依赖于进口的商品被迫实现自给自足，同时也是繁荣国内产业的重要机遇。当然，更重要的是，日本迅速增加了以亚洲为主要销售市场的棉制品出口。过去在与英国的竞争中一直处于弱势地位的日本，利用英国短暂退出亚洲市场的间隙迅速填补了空白，大幅增加了出口。

此外，在欧洲的交战国看来，全世界范围内能够提供战争供给品的只有美国，日本次之。除此之外的其他国家并没有生产战争必需品的工业设备和技术，以军需品为中心的订单络绎不绝。也就是说，除了对手退出了市场竞争，针对英国等协约国的军需品订单也让日本在战争期间聚敛了财富。出口的增加意味着以出口品生产为中心的产业成长，以及相关贸易商社数量的迅速增加。

出口领域带来的高利润造就了一批具有成长潜力的企业。产品运输带动了海运业的崛起，对船只需求的增加刺激了造船业的发展，而造船所需的钢铁等产业亦随之繁荣。这种相关产业链条的繁荣渗透到日本经济的各个领域。

这是日本经济热出现的根本原因。一战期间被称为"暴富的时代"，"造船暴富""矿山暴富"等各类暴富的产业随之涌现。此前一直依赖德国进口的药品、肥料等价格暴涨，生产这类产品的企业亦产生了暴富效应。

富豪们挥金如土的逸事不绝于耳。有富豪在家中的树木上安装电灯，廊柱上安装电话，亦有富豪一掷千金邀请大阪的艺伎组团豪游朝鲜。当时有报纸刊登了一副讽刺漫画，讲的是一位富豪因嫌弃廊灯过暗就点燃百元纸钞代替灯光照明的故事。太多人因为有钱而做出非理性的举动，但是这种现象并没有持续多久。自以为成了"金将"，没想到却仍然是个"步兵"。[1] 这一时期成长最迅速、赢利最丰厚的行业之一是贸易业。

商社乱立

为什么会产生成立商社的热潮呢？表8-1所示各行业利润率告诉了我们问题的答案。表中1914年从银行到肥料的利润率基本在10%~20%，作为公共事业的电力和铁道行业亦分别有9.1%和7.1%的利润空间。1914年是一战爆发的第一年，日本的行业部门尚未受到战争的实际影响。到1915~1916年，商社

---

① 此处援引日本象棋的规则，"步兵"（日本象棋中攻击力极低的棋子）在升级后（攻击力增强）变为"金将"。——译者注

的年平均利润达到 61%。资本金的 61%，也就意味着一年所获得的利润是出资额的六成。商社和海运、造船行业的利润尤其大，这一热潮突出反映了出口相关行业的高速成长。特别是到了1917~1918 年，商社行业的利润率达到了 90%，也就是说两年间就获得接近一倍的收益。

表 8-1 一战期间日本各行业利润率

单位：%

行业	1914 年	1915~1916 年	1917~1918 年	1919~1920 年
银行	12.3	12.5	16.2	28.8
商社	19.6	61.0	90.6	36.9
纺织	14.4	30.5	62.8	76.0
制糖	13.3	25.1	27.0	41.9
制粉	11.2	19.5	38.9	56.8
矿业	13.6	27.8	37.0	24.2
海运、造船	13.9	42.1	102.5	48.6
钢铁	18.6	18.2	40.2	8.0
肥料	11.1	27.1	44.7	38.7
电力	9.1	10.2	13.5	12.7
铁道	7.1	7.9	11.2	13.3
平均	11.5	19.8	36.3	31.1

资料来源：武田晴人「独占企業の経済と社会」『講座日本歴史 9』東京大学出版会、1985、48 頁。

资本的逐利性让日本的商人们大举进军商事。也就是说，一战期间的商社热本质上是对外贸易额扩大而催生的结果。市场在扩大，而固有的商事企业没法满足贸易的需求，这给新型商社提供绝好的机会。这是出口经济增长背景下商社热潮诞生的主要原因。

另外，热潮的背后也跟商事行业的结构调整有关。其中，外国商社退出日本是重要的变化之一。1910 年前后，日本国内商社承担了 80% 的出口商品业务，但是进口商品业务仍然由外国商社把持。所谓的外国并不是来自纽约或者伦敦的商社，而是在横滨、神户等地设立商馆的怡和洋行等外国商社。这些商社利用固有的商业网络，同伦敦、纽约等地的贸易对象，以及在亚洲开展金融业务的欧洲金融机构有着密切的联系。日本的商社想要夺回外国商社的市场份额并非易事。

但是，一战爆发后，这些外国大商社的行动受到了限制。最早受到战争冲击的是德国人经营的商社。德国是战争的当事国，也是日本的敌国。战争发生后，来自本国的资金供给等固有金融中断，德国商社虽然利用固有资金尚可维持运营，但是接下来的贸易特别是针对母国德国的贸易被阻断，迫使德国商社最终退出日本的市场。如此一来，日本国内生产厂家不得不寻求新的贸易商社合作。

英系和美系的商社也面临相同的境遇。一直以来以伦敦为中心的国际金融网络因一战而断裂，仅靠亚洲内部资金运转让其商社活动难以为继。通过贸易对象国的汇款，以及来自英国东洋银行、汇丰银行等欧洲系银行的资金供应链中断，外国商馆便无法借战争之势拓展业务。

如此一来，即使在贸易额没有增长的状况下，日本商社分得的蛋糕也有量的增加。也就是说，日本商社成为这些出口占比二成、进口占比五成的外国商社的替代选项。这样，曾经在进出口贸易中具有重要影响力的外国商社，因为一战而彻底失去了在日本的市场。这也是日本国内商社热出现的要因之一，同时是"固有前提"。

上述两项要因可谓商社热诞生的重要背景。

三菱商事作为独立的公司始于这一时期。与此同时，作为新兴财阀的代表，久原财阀和古河财阀相继成立久原商事和古河商事，藤田组则扩充了商事部门。另外，下文将详述的铃木商店亦在这一时期成立。如此商社之成立络绎不绝。

表8-2所示为实力资产家一览。这是石井宽治根据当时《时事新报》所开展的名为"全国资产家调查"而汇总的数据，调查的时间节点是1916年，彼时一战的影响尚不显著。该项调查以股票为中心，同时还考虑了土地等有形资产。1916年总资产额超过2亿日元的有三井和岩崎（三菱）两大财阀。跟随其后但差距较大的是安田和住友，再之后则是古河、藤田、久原、大仓、高田商会（贸易业者）。在1500万~3000万日元的区间有来自神户的铃木商店，以及矿山、海运、棉纺、地主等职业。

表8-2中出现的岩崎、古河、久原、藤田等以矿山开发成长起来的财阀在这一时期均涉足商事。也就是说，这一时期商社热不是自下而上，而是以实力派资产家加入贸易行业的方式形成的。代表性财阀中没有出手的或许只有安田和住友两家了。虽然安田有一家名为安田商事的公司，却并非贸易商社。住友确有计划成立商社，然而中途被迫搁置。也就是说除了安田等少部分财阀，大都将注意力放在了商事，一战期间的商社热因此机运而生。这也可以解释为何在一战结束不久，日本有实力的资产家大多设有商事部门。

表 8-2　全国实力资产家一览（1916）

推定资产额	人数（人）	东京	大阪	其他地区
2 亿日元以上	2	三井（综合）、岩崎（综合）		
7000 万日元	2	安田（银行）	住友（综合）	
6000 万日元	1	古河（矿山）		
5000 万日元	1		藤田（矿山）	
3000 万日元	2	大仓（贸易）	久原（矿山）	
2000 万日元	1	高田（贸易）		
1500 万日元	6	岛津（公爵）、前田（侯爵）	鸿池（银行）、岸本（海运）	铃木（贸易）、川崎（造船）
1000 万 ~ 1500 万日元	21	渡边（银行）、村井（银行）、峰岛（典当）、德川（侯爵）、前川（绵商）	范多（贸易）、山口（银行）、嶋（矿山）、广海（海运）、岸本（海运）、芝川（地主）、和田（地主）	辰马（酿酒）、毛利（公爵）、松平（侯爵）、伊藤（地主）、本间（地主）、冢本（吴服）、安川（矿山）、若尾（银行）、山口（石油）
500 万 ~ 1000 万日元	639			
100 万 ~ 500 万日元	73			

注：①本调查根据《时事新报》1916 年 3 月 29 日至 10 月 6 日所载《全国五十万以上资产家》第三次调查数据统计得出，其中 1000 万日元以下的部分仅列出人数。

②括号内为主要职业，"综合"意为综合性财阀。

③东京的德川（侯爵）为原纪州藩主家德川赖伦，非原将军家德川（公爵），其他地区中伊藤（地主）为伊藤长次郎。

④本表出现的两位岸本（海运），或为经营岸本汽船会社的同族。——译者注

资料来源：石井宽治「日本資本主義の確立」『講座日本史 6』東京大学出版会、1970、204 頁。

古河商事的案例

本节以古河商事为案例来洞悉商社热的内情，事先说明的是，古河商事是一个失败的案例。

古河商事为何会走向破产，从结果来看是因为其在大连市场豆饼生意投机的失败。古河是以经营矿山而发迹的企业，旗下拥有足尾的铜矿及筑丰的煤炭等支柱矿厂。由于古河自身涉足铜和煤炭的销售，并且在这些领域积累了一定的经验，经营部门自视只卖自家产品不再具有挑战性，所以尝试经营其他企业产品的销售业务。这符合企业成长的惯常逻辑。

古河自市兵卫时代就将足尾挖掘出来的铜矿运送并销售给横滨的外国商馆。这是古河经营性业务的终端，至于铜矿在欧洲的交易模式如何，经香港转口后的销售目的地是哪里等都没有充分的关注。关于煤炭生意，由于工业生产需求的增加，在国内外设置多个支店（如上海支店、香港支店等）。此外，古河还以信贷融资的形式获得了筑丰一个小煤矿的一手销售权。这些操作都是沿袭三井物产经营煤炭生意的手法。

但是，古河在贸易领域所涉猎的仅限于铜和煤炭，且只经营出口销售，在进口贸易领域则毫无经验可言。古河第三代领导人古河虎之助借重整组织机构之机，在古河合名下设营业部。这些是一战前夕古河的举措，也就是说古河并不是从完全无经验的状态匆忙涉足贸易领域的。虽然只是一小部分，多少也积累了些经验。

三菱的经历与古河相似。煤炭和铜的销售也是三菱商事的原点，营业活动中积累的经验及发掘的人才成为商社成立的基础。三菱财阀总部亦有成立商社的呼声，最终成立了大宗物品销售的综合性独立商社。

古河的营业部在1914年时营业额尚不足2000万日元，至1915～1916年，这一数据变为5000万日元。在商社热的背景下，古河与其他企业一样内部出现了成立商社的呼声，于是在1917年成立了独立的商社。

但是，古河内部有一个不成文的规矩，即古河市兵卫所谓"不得染指红金（铜）以外的生意"。古河市兵卫本人曾经投资过生丝和大米生意，均以失败而告终，最后让他成功的只有足尾铜矿，所以才有了他那句"只能做金属生意，拓展的话也仅限于铜周边的生意"。由于煤炭是炼铜所必需的燃料，所以煤炭的经营在许可范围内，另外铜压延之后的铜线销售亦被作为铜周边生意获得认可。近藤陆三郎等古河市兵卫时代番头级别的高管严格遵守了他的遗训，对成立商社的主张进行了顽强的抵制。

此外，古河家内部的事情也让经营决策变得更加复杂。古河家第二代掌门人润吉是养子，润吉是陆奥宗光的次子，陆奥家因为这层关系在企业的经营上具有重要影响力。此外，井上馨也是一位能够发挥影响力的人物。陆奥死后，原敬作为陆奥家的代表直接插足企业的经营。[①] 也就是说，古河的运营除了同族之外，

---

① 原敬在陆奥宗光担任外相期间担任外务次官，深得陆奥信赖，曾任古河矿业副社长，后任政友会总裁、内阁总理大臣（1918～1921）。——译者注

还有外部势力的插手。① 正是基于上述复杂的事项，近藤陆三郎等老参谋才拿古河市兵卫的遗训当作令牌来主导古河的运营。

再有，古河润吉本人希望涉足银行业。古河市兵卫跟第一国立银行的涩泽荣一私交甚笃，但他去世之后，古河与第一国立银行的关系就没有那么稳定了。第一国立银行作为近代化银行的代表，其融资都是基于合理计算而做出的，并非因为对方是古河就会轻易融资。润吉作为第二代掌门人，寄希望于将矿山经营所获得的财富来开设银行，以此保障自主融资。但是，开设银行的设想在润吉主政的时期没能实现。

近藤陆三郎在 1917 年去世。对于独立心旺盛的年轻掌门人而言，"垂帘听政"老臣的去世意味着施拳脚机会的来临。同年 11 月古河设立东京古河银行和古河商事，另外将矿山部门从总部独立成立古河矿业。古河将上述三家公司作为子公司，其上设立古河合名的控股公司，康采恩组织架构由此成立。如此一来，各家子公司得以独立开展经营活动。

子公司之间的业务当然也有密切的联系，其中联系最密切的要数古河矿业和古河商事。这两家公司运营所需要的资金由东京古河银行提供，矿业和商事的富余资金可以存到银行，古河财阀作为各家子公司紧密联系的有机体初具规模。古河商事设立当初的资本金只有 500 万日元，之后很快就增加到 1000 万日元。

如果近藤陆三郎尚在的话，极有可能会在古河这一波业务扩张中扮演终结者的角色。对于血气方刚的年轻经营管理层而言，

---

① 森川英正『財閥の経営史研究』。

他们怎么可能会错过这一绝好的赚钱机会呢？所以，扩张意愿旺盛的古河商事不再仅仅满足于古河矿业产品的销售，还将触角伸到其他领域。当时古河商事在新领域的贸易尚没有形成一定的规模，所以将其涉足的贸易统称为"杂货"。

由商社来进行的交易一般有两种类型。与多数对象进行交易，从中赚取佣金是其中一种方式，这也是相对比较安全的方式。联系买家和卖家，双方签订供销合同，商社如能顺利促成签约可从中获取1.5%或2%的佣金，这是其赢利的主要方式。

还有一种方式被称为"预期购销"。商社预先购买销路比较好的或者说有升值空间的商品，然后寻找买家，从买和卖的过程中赚取差额是其利润的来源。这时就不是几个百分点的佣金了，有些时候利润率可以达到10%，甚至20%。

古河矿业与古河商事之间采取的是前一种佣金交易方式。对于商社而言，这种方式虽然风险较低，但是赢利的空间较小，对于经营者来说不太具有挑战性。商社显然不满足于这种经营方式，如能够准确预知商品销售行情进行预期收购，其可能获取的利润要数倍于佣金交易。基于此，古河商事针对"杂货"交易采取了"预期购销"的方式。商品升值固然能够赢利，但是说到底这是一种带有投机性和风险性的经营行为。与此同时，古河内部还发生了一件足以撼动其商社经营方针的事件。

事件原委是，1918年1月一战结束，铜作为战时军需品价格暴跌。古河矿业在战争期间以高成本生产的铜受到销售价格下跌的影响面临巨额亏损的局面。古河矿业的对策是寄希望于铜价升值，所以制定了暂时不销售铜的方针。稳定获得佣金的交易突然中止，这让古河商事的经营面临停滞的危机。此外，古河财阀旗下的一些电线会社也面临供应链中断的危机。例如横滨电线（现在的古河电工）等企业主要购买古河矿业日光精铜所的铜线作为原材料，以此来生产电力、通信用电缆。原料供应对他们来说是最大的危机。

对此古河财阀总部的意见是，购买美国的廉价铜，由古河矿业加工成铜线，并提供给旗下的电线企业。这也是彻底的"预期购销"。古河商事别无他法，只有照办，放着铁饭碗的营生不做，去购买此前毫无交涉经验的美国铜。

结果可想而知，由于没能够掌握铜市场的供需状况，这桩进口生意给古河商事带来巨额亏损。雪上加霜的是，古河矿业完全没有分担古河商事的损失。或许是古河矿业的本家意识太强，背锅的事情都推给了作为分家的古河商事。

祸不单行。1918 年末至 1919 年，古河商事为打开局面，希望能够通过"杂货"交易填补此前的亏空。好事坏事姑且不谈，古河商事的"杂货"交易在 1919 年春把握住了一次商机。与其说是商机，倒不如说是踩着尸骨累累的投机市场杀出来的一条血路。一战结束后不久，日本国内发生政治混乱和经济衰退，在中国大连做豆饼生意的商社相继破产倒闭，古河商事利用这一时机迅速填补了豆饼市场的空白。

古河商事此前就对豆饼生意感兴趣，希望利用这次机会正式进军大连的豆饼贸易。旧时的中国东北（日本称为"满洲"）是世界著名的大豆产地，榨油之后的豆渣可以作为肥料。豆油本身是化学工业的原料，同时可以作为食用油。这一时期将其作为化学工业原料来使用的是欧洲各国。豆饼则作为肥料出口到日本。此外也有将大豆整体出口到欧洲的情况。具体采取何种方式，主要由欧洲豆油、东北的大豆以及日本国内豆饼的市场行情来决定。

由于这一时期肥料需求扩大，豆饼在日本的销售行情很好。战争期间日本的经济景气，农民手头也宽裕，期望增产增收的农民对肥料的需求增大。但是，日本的化学工业尚处于初级状态，无法供给硫铵等肥料。化学肥料跟不上农业生产的需求，于是农民将注意力转到豆饼等高效的有机肥上。进入1920年代之后，随着硫铵等肥料的增产，豆饼遭到冷遇，但是在此之前豆饼一直是畅销肥料，只要商社购入豆饼，肯定会成为抢手货，卖个好价钱。

古河商事大连事务所如果能够展开地道的豆饼交易尚且能够避免损失。日本自1919年春至1920年3月物价飞速上涨，进入所谓战后经济热的高潮期，豆饼的交易价格随之上涨。针对这一情形，古河商事大连事务所的浅野主任对大连的豆饼采取了"预期收购"的策略。也就是说不是通过佣金交易，而是采用预期购销的方式收购了大量豆饼。

自1918年下半年至1920年3月，古河商事仅收购豆饼就花费了5亿日元。考虑到1917年古河商事的销售总额只有5000万日元，5亿日元可谓相当高的金额。在商社独立经营不到两年（准确说是21个月）的时间里，一家支店仅就一宗商品的交易额达到了5亿日元。这其中大约一半是在事务所进行的投机性的"预期收购"交易。这种在尚不明确下家的预先收购，成则一鸣惊人，败则倾家荡产。这种投机失败的案例在历史上不胜枚举。

古河商事大连事务所浅野主任的交易在最初颇为顺利。大连获利颇丰的消息也传到了古河商事本部。本部亦担心这一收购模式，派专人到大连当地调研情况，结果被当地的驻在人员蛊惑一番后，回去给总部做了积极肯定的汇报。事实上，短时间内培养熟悉豆饼行情的专业人才并非易事，被总社派往现地调查的人员也不是这方面的专家，所以就轻易地被大连事务所给蒙混过关了。

应付总部的调查其问题并不严重，浅野主任的问题在于错失了收手的最佳时机，导致损失如滚雪球般增加。

自1919年秋季开始豆饼的行情开始呈现怪异状态。这时从事大连豆饼交易的并非古河一家，古河之外还有臼井洋行（当地的商社）、神户的铃木商店、三井物产等从事投机性交易。这些商社的交易也分为两大类型。古河和臼井以收购为主，铃木和三井则以销售为主。前者以涨价为前提进行收购；作为对抗，后者则以大量抛售的方式进行投机性销售。

臼井据说是三菱商事设立的空壳公司，这样在大连的豆饼交易以财阀为中心划分为两大阵营。无论是经验还是资金，三井和铃木都占据优势地位，形成一边倒的格局。

最早注意到风向变化的是三菱。古河这边强买，铃木和三井那边强卖。三菱获悉风声，如不收手则有蒙受损失的可能，于是在1919年末放弃了臼井洋行的生意。

情况越发对古河不利。大连事务所浅野主任的部下觉得事情蹊跷，遂前往东京本部报告情况，由此成为古河商事破产的发端。

在此期间，古河商事交易所需的资金系从横滨正金银行大连支行借贷而得。横滨正金银行同时还向三井和铃木提供贷款，满足它们投机性交易的需求。也就是说正金银行大连支行两边都放贷款，这样两边无论谁赢利对于该行来说是稳赚不赔。但是如此巨额的资金持续放出，连该行也开始警戒投机的危险性了。

古河商事再次委派专人赴现场调查，这次连横滨正金银行也开始警惕起来，这让古河商事认识到问题的严重性。作为挽回损失的对策之一，古河商事开始涉足银的交易，当然也带有强烈的投机性。一战期间中国的经济也有明显的发展，相较于黄金而言，银价急速上涨。在中国，银是本位货币，豆饼交易也需要银元。古河在此前也曾涉足过白银市场，而这次古河则希望能够扳回一城，弥补此前豆饼交易造成的资金短缺。

不幸的是，白银的交易也以失败告终。本想止损，却不料雪上加霜。自3月初古河商事总部派专人赴大连调查发现异样，至最终停止所有交易之前，古河在大连的事务所陷入了亏损的恶性循环。雪上加霜的是，在古河停止交易（3月4日）的大约10天后，3月15日东京股市暴跌，日本进入了所谓"1920年恐慌"的时期。

在停止交易之后，库存的豆饼交易仍然存在，如果豆饼的市价不跌，古河的损失尚不至于如此严重。但是受到"1920年恐慌"的影响，豆饼的价格随之暴跌。以5月的豆饼交易为例，以50日元一单位购买的豆饼只能够以市价25日元一单位售出，古河商事蒙受25日元的经济损失。如果市价能够维持在40日元的话，这种程度的损失尚可以接受。所以说恐慌带来的市价暴跌给古河以沉重的打击。

最终计算起来，古河在大连的豆饼交易共计亏损约2600万日元。3月4日时的损失大约只有1000万日元，剩下的1600万日元则是在陷入恐慌后豆饼价格下跌带来的损失。除此之外，手头上的合同交易金及银行还债的再融资（借钱还贷）加起来，还需大约4000万日元。这就是古河商事在大连进行投机性交易的后果。

对于成立不满三年且注册资本金只有1000万日元的古河商事而言，凭一己之力无论如何难以填补这笔损失。公司倒闭自不待言，但是银行的存款不能视而不见。最终古河矿业将古河商事兼并，商事所欠的债务由古河矿业偿还。

其实在合并之前，古河财阀总部做过很多尝试。其中一个就是在股票市场尚且坚挺的3月4日时，通过发行股票的溢价来获取收益，这也是一种投机的方法，不过这一方案是古河财阀总部决定的。具体而言，将古河矿业所属的日光精铜所与其旗下子公司横滨电线合并，作为铜加工的专业部门合并成立新的公司。公司成立时即公开发行股票，待股票升值获得溢价收入。日光精铜所是直属于古河矿业的事务所，横滨电线则是古河矿业的子公司，合并后的公司名为古河电气工业。正当所有工作都准备周全的时候，股市却开始暴跌了。

这一方案赚取股票溢价的目标没有实现，不过却在1920年4月成立了古河电工。也就是说，没有古河商事的破产就不可能有后来的古河电工。公开发售股票以赚取溢价的设想遇阻后，古河矿业和古河合名便将古河电工的股票购至名下。当时以股票来担保比较容易从银行借款，所以古河合名便以古河电工的股票为担保向银行借了大笔资金。

古河渡过了经营的难关，借款的偿还亦由古河矿业转移到古河合名会社。古河合名为偿还大量贷款，被迫卖掉了持有的部分股票等资产，其作为控股公司的影响力削弱。此外，古河合名因为偿还利息等沦为赤字企业。为填补经营赤字，古河也向第一国立银行和古河银行申请融资。商业战场残酷无情，第一国立银行要求古河提前还款，这让古河陷入十分被动的境地。古河自然没有充足的资金应付还款，只得求助于古河银行，以借钱还贷的方式偿还了第一国立银行的贷款，第一国立银行遂脱手古河这个烂摊子。

由于古河银行向古河矿业和古河合名提供了大量贷款，导致银行资金运转遇到困难，最终在金融恐慌和昭和危机（即1929年前后的世界性经济危机）的接连打击下倒闭。第一国立银行兼并了古河银行下属部分业绩尚可的支行，顺势扩大了实力。

以上就是因为古河商事破产，古河从一流沦落为二流的大致经过。

职业经理人的缺席与资金的短缺

破产的原因或可归于职业经理人的缺席、资金的短缺等。在古河商事的案例中，如果能够稳扎稳打，作为商社存活下来的可能性并非没有。但是，一处失败导致连锁失败，最终陷入无可挽回的破产局面。

如果仅就商社成立的时机和契机而言，古河商事的成立并不是错误的判断，但是结局以失败告终。其原因之一在于古河商事缺少足够的经验累积，虽然有专业的经理人，但他们的业务范围仅限于矿物交易及周边产品的出口。对于从未涉猎过的豆饼进口等领域如此大手笔操作，无异于冒进之举。更何况其经营带有明显的投机行为，导致经营的风险倍增。

从经营的视角来看，没有从事风险管理的专业人员固然问题重大，与此同等重大的问题是，古河商事总部没有发现大连事务所的投机行为，即使调查也没有发现问题的严重性。也就是说，总部欠缺足够的管理能力。可以说在商社的高层中其职业经理人是缺位的。既无能力进行管理，亦没有培养专业人才。其破产的背后彰显人力资源的不足。

对此经常被拿来比较的是当时没有成立商社的住友。

其实在一战激战正酣的时候，住友内部也有成立商社的方案。当时所有的准备工作都已到位，只剩下执最高经营之牛耳的总理事铃木马左也从国外返回签字盖章了。

不过，回国后的铃木马上给出了否定性意见，认为住友不能从事如此带有风险性的经营。据说铃木的反对来自当时住友银行大岛坚造的意见，他认为"住友尚不具备经营贸易的能力"。总之，最终住友没有跟随商社成立的热潮，作为大财阀得以延续至今。反观古河，其商社尝试以破产而告终。从结果来看确实导致了不同的结果，但是两家财阀的确出现了不同的决策逻辑。

在1916年有实力的资产家排名中，古河与住友之间只有1000万日元的差别。但是此后二者的发展轨迹完全不同。关于这一点，经营史学家森川英正在《财阀的经营史研究》（第三章）一书中曾专门指出，二战前的日本确实是三大财阀或曰四大财阀的高速成长期，同时是一些财阀没落的开始，明暗即现。

那么在此之前就已经开设商事部门的企业或者运营比较成熟的商社就没有问题了吗？实际上这些商社也面临与古河相同的危险。

三井物产在美国石油市场投资失利，大约亏损 1000 万日元。三菱商事如表 8 - 3 所示，1919 年下半年和 1921 年全年都出现了经营赤字。同时，三菱商事在此前后对其组织机构进行了大规模重组，因重组而蒙受的损失也不在少数。当然其损失额度与古河不可同日而语，可以看到 1920 年三菱商事营业费用（预算）大幅收缩，据此亦可看出经营赤字的可能性。即使如此，三菱商事最终渡过了这一难关。或许跟古河相比，三菱较早地结束了豆饼的投机性交易，终止了空壳公司的业务，这让损失控制在可以接受的范围内。

表 8 - 3　三菱商事的业绩表现

单位：千日元，%

	交易额	净利润	营业成本	营业损益	纯损益	本利比
1918 年上		9588	1856	7732	3842	10
1918 年下		5182	3140	2042	913	10
1919 年上		5005	2299	2706	1569	10
1919 年下		3127	3189	- 62	- 693	—
1920 年上	65199	1021	547	474	421	—
1920 年下	24330	3497	2289	1208	543	—
1921 年上	50735	2311	2963	- 652	- 851	—
1921 年下	67807	2407	3185	- 778	- 778	—
1922 年上	91865	3614	2718	896	688	—
1922 年下	110465	4139	2886	1253	1103	5
1923 年上	103014	3896	2997	899	807	6
1923 年下	147126	5399	3239	2160	1156	6
1924 年上	155759	4566	3181	1385	1314	5
1924 年下	153487	3916	3174	742	675	5
1925 年上	163577	3450	3232	218	134	—
1925 年下	177495	4012	3111	901	818	—

资料来源：三菱商事株式会社编『三菱商事社史　资料编』三菱商事、1987、72 - 75 頁。

除此之外，我认为这背后反映的是三菱银行与古河银行，以及三菱财阀与古河财阀之间整体资金实力的差距。此外，在石油市场遭受重大损失的三井物产，决算时的资产负债表也没有那么难堪，这里可以看出三井内部强大的财务操作能力和资金能力。对此，包括古河在内的大多数被贴上二流标签的企业跟银行的关系较弱，即使自身设有银行也达不到跟顶级银行竞争的资金规模。如藤田、久原以及下一章详述的铃木商店等在资金面上自我融资能力相对较弱，从财阀的视角来看，融资能力弱成为最大的限制。对于高度依赖借贷维持运营的企业，在经济热的时候可以实现高速增长，但是一旦风向改变、泡沫破裂则很容易陷入融资不足的被动局面。第一国立银行对古河的贷款就是一例，银行会紧跟市场行情调整融资政策。古河与三井、三菱的差距也就在这里。

9 铃木商店的挫折：
借款依存与组织改革的欠缺

　　本章主要介绍在金融恐慌中破产并给日本经济带来巨大震荡的贸易商社——铃木商店的案例。铃木商店作为一家商社，其问题并非出在中间管理层缺少专业人才，同时跟古河那种职业经理人缺位、资金力不足而破产的案例不同。铃木商店有着独特的组织机构，其在一战后的巨变中背负了巨额债务，同时扯上了政治问题而最终倒闭。

　　铃木商店是城山三郎的小说《鼠——铃木商店打砸事件》中的主角，也是讨论大正时期难以回避的日本企业。[①] 本章基于铃木商店的年谱来介绍商店的来由。关于铃木商店，桂芳男在《综合商社的源流》一书中有过精到的总结。[②] 我本人利用横滨正金银行的资料亦出版过《铃木商店的经营破产》一书。[③]

铃木商店前史

　　铃木商店起源于明治初期在神户创立的一家小型夫妻店，铃

① 城山三郎『鼠——鈴木商店焼打ち事件』文藝春秋、2011。
② 桂芳男『総合商社の源流——鈴木商店』日経新書、1977。
③ 武田晴人『鈴木商店の経営破綻：横浜正金銀行から見た一側面』日本経済評論社、2017。

木岩治郎和夫人阿米（よね）从经营进口砂糖白手起家。

在铃木岩治郎之后执掌商店的金子直吉 1880 年代加入之后，铃木商店顺势而为，成长为 20 世纪初日本代表性的综合商社之一。铃木商店的特征之一是店主岩治郎早逝无子，其妻阿米成为店主之后对柳田富士松、金子直吉等番头委以重任。从形式上来看，铃木商店与住友相同，店主享有最高权威却不实际进行统治，其经营权限委任给有能力的番头，是名副其实的番头经营模式。

奠定铃木商店成长基础的是同台湾的贸易。甲午战争之后，台湾因《马关条约》成为日本的殖民地，铃木商店遂将台湾作为重要的经营对象。铃木商店本身经营砂糖贸易，对台湾、爪哇等地的砂糖业务较为熟悉。此外，金子直吉与当时"台湾总督府"的儿玉源太郎、后藤新平等人有交情，凭此便利扩大了在台湾的贸易。铃木在台湾的行动自然有寄生于殖民地政府部门的政商性质，首先目光聚焦在台湾产的樟脑上，之后也把砂糖纳入囊中。以此两大事业为重，铃木商店扩大了从台湾的进口生意。关于铃木商店与台湾的关系，斋藤尚文在《铃木商店与台湾》一书中有详细介绍。①

铃木商店于 1902 年改组为合名会社铃木商店，注册资本金为 50 万日元。直到 1920 年增资至 5000 万日元之前，铃木商店的资本金一直维持在 50 万日元。前述一战期间古河商事成立时

---

① 斎藤尚文『鈴木商店と台湾：樟脳・砂糖をめぐる人と事業』晃洋書房、2017。

的资本金为 1000 万日元,而铃木商店在此期间也没有考虑增资事宜。

如表 9-1 所示,铃木商店 1903 年成立大里制糖所,这是铃木商店成长的重要阶段。在爪哇经营砂糖生意的铃木商店希望以此为原料成立制糖会社。但是,台湾制糖和大日本制糖对铃木的参与非常警惕,经过几番交涉之后铃木在 1909 年将大里制糖所以高价卖给大日本制糖。

表 9-1 铃木商店年谱

1877 年前后	铃木岩治郎成立铃木商店(砂糖商)
1886 年	金子直吉加入
1894 年	岩治郎去世,夫人阿米将经营委托给柳田富士松、金子直吉两番头
1900 年	获得台湾樟脑贩卖权
1902 年	改组为合名会社铃木商店(资本金 50 万日元)
1903 年	成立大里制糖所(1909 年卖给大日本制糖),其后成立多家管理企业,贸易领域向着综合商社发展,成长为大型康采恩集团
1920 年	向合名会社铃木商店增资(5000 万日元)
1923 年	贸易部门分离,成立股份公司铃木商店(资本金 8000 万日元,其中实缴注册资本金 5000 万日元)
1927 年	铃木商店、铃木合名破产

资料来源:三和良一·原朗編『近现代日本経済史講義』東京大学出版会、2007、112 頁。

到一战爆发前,铃木商店已经成长为关西地区首屈一指的大型商社。表 8-2 的实力资产家一览中铃木商店位列 1500 万日元一栏,从资产额来看虽不是顶级,但考虑到白手起家、从无到有的发展经历,几十年发展至此着实不易。以樟脑、砂糖贸易为中心的铃木,以一战期间的经济热为契机,进一步扩大了企业规模。

铃木商店的特征是经营的实际最高责任人金子直吉的独裁专断。即经营管理的所有决策权集中到金子一人手中，这让铃木商店成为以克里斯马型经营者为中心的组织集权型商社。

另一个特征是铃木商店作为商社的起步较早，虽然从规模而言跟三井相比还有差距，但是其在早期就积极招揽有贸易经验的专业人才，同时还将注意力放在应届大学毕业生上，人才供给方面得到充分保障。铃木商店从东京高商和神户高商招聘了大量毕业生，后来成为日商（日商岩井）高层的高畑诚一就是以这种方式加入铃木并最终成为最高责任人的。①

铃木商店虽然存在集权的一面，但是金子直吉在一战前延揽了大批人才，这些人才成为铃木商店的中坚力量。特别是在贸易领域积累了丰富的经验。相较于古河商事，铃木商店的优势恰恰在此。所以，铃木商店在一战期间能够把握时机进一步扩大经营领域。

一战爆发后不久，金子命令所有支店和事务所尽可能购买各类产品，日后肯定有升值空间，即使是预期购买也没关系。这其中比较有名的指示来自金子发给伦敦派驻员高畑诚一的电报："购铁，不计价格。"该电报指示发出的时间是1914年，也就是在一战爆发后不久。金子的预判很准确，钢铁被广泛应用于造船、兵器制造等领域，其价格飞涨，铃木商店根本不愁买家。在这次钢铁收购的大宗交易中，铃木商店赚得盆满钵满。

---

① 东京高商、神户高商分别为现在一桥大学、神户大学的前身，为当时三大高等商科学校中的两所。日商岩井的前身是铃木商店，2004年日商岩井与日棉合并成为双日株式会社。——译者注

"天下三分之计"与金子直吉

初次尝到甜头的金子直吉，曾经向铃木商店所有部门发出了一封名为"天下三分之计"的指令。1915年秋，金子在写给伦敦的高畑诚一的信函中对这份指令有明确记载。一般认为这封信是1917年发出的，但是斋藤尚文在详细考察后认为实际为1915年发出，具体内容如下：

> 惟今吾店之计在于百尺竿头更进一步，作为商人彼此生于乱世之中，且从事关乎世界商业繁盛之工作，理应感到无上之光荣。意即利用战乱之变迁、行资财储备之大业，压倒三井、三菱乎。退而次之亦应与其三分天下，谨记此乃铃木商店全员之理想是也。

这是铃木商店最高经营者发出的指示，亦是企业的经营方针。彼时只有1500万日元资产的铃木，敢于公然挑战2亿日元的三井和三菱，即使不能凌驾于二者之上，至少也要与之并驾齐驱，如此豪言壮语前所未有。

此后的铃木商店确实如其计划的那样快速成长。一战前铃木商店的营业总额大约有1亿日元，到1917年时这一数字增加至15亿日元，三年时间增加了14倍。其中，日本国内贸易额为12亿日元，国际贸易额是3亿日元。关于这一数字或有夸大之嫌，但不可否认的是铃木商店的贸易已经遍及世界各地，与外国之间的贸易占比接近总营业额的二成，足以说明铃木商店的国际化程度。[①]

各家商社的计算方法略有差异，因此不能直接比较。如以同年度三井的营业额 12 亿日元来比较，三分天下并非痴人说梦。从另一方面来说，金子所谓"压倒"亦不为过，铃木商店在一战之前已经成长为中坚商社，大战期间铃木商店践行钢铁收购等强势经营方针，至少有一段时间还是让人看到了超越三井的可能性。

经营方针虽然豪横，但在当时的状态下也算合理，有下面这样的例子可供参考。铃木商店大量收购钢铁，以提供钢铁原料之便利向造船公司订购货船。从顺序来看与常规思路恰恰相反，"自己需要订购货船便委托造船公司建造，建造船只所需要的钢铁则自己提供"。铃木商店将建造好的船只再装上羊毛、钢铁等军需品整船销售。从钢铁订购到船只造成至少要花几个月的时间，在此期间钢铁的销售价格就已经有了大幅上涨。价格上升如此之快，从订购船只到最后货物满载并整船销售的方式所获得的利润是呈指数级增加的，这也是其营业额猛增的重要原因。

相较于三井物产在造船业、钢铁业等重工业领域较低的存在感，铃木商店利用一战经济热的契机，为推进日本经济向重化学工业化的方向发展发挥了关键作用。其中一个典型的案例是"日美船铁交换契约"的达成。

适值一战期间，造船必然赢利。轮船驱动贸易，必然产生海上交通赢利。因此，造船厂会接到大量订单，但是造船所必须的

---

① 参见武田晴人『鈴木商店の経営破綻：横浜正金銀行から見た一側面』第一章。

钢铁供给不上。当时日本钢铁业的能力无法满足造船业对钢铁的大量需求。一战的前半阶段（至少截至1917年夏），日本造船所必需的钢铁主要从美国进口。美国当时是中立国，钢铁等军需品的出口尚且自由。但是，美国在遭到德国军事攻击之后，成为一战的参战国，考虑到出口产品或可助长德军的实力，美国此后禁止了所有战争相关资源、能源的出口。这导致日本无法从美国进口钢铁，日本造船业面临原料不足的困境。

这时日本政府出面与美国政府交涉，请求美国当局解禁对日出口，日本政府的外交交涉以完败告终。获悉日本政府交涉失败的消息后，为帮助日本的造船业，金子直吉与川崎造船所社长松方幸次郎亲赴美国，请求美国方面"分给"日本一点钢铁。

日本的方案如下，如美国同意出口给日本钢铁，利用其出口的钢铁所制造的部分船只将出口至美国。这就是所谓的"船铁交换"。问题的焦点在于交换的比率，即美国钢铁所建造的船只最终有多少提供给美国，又有多少留给日本。如果全部出口给美国的话，日本的造船业倒没有后顾之忧，但是海运业将面临缺船的困境。最终在日本方面较大幅度让步的前提下，日本获得了美国方面的钢铁出口许可。

上述"日美船铁交换"是在民间外交层面达成的。这里的民间主要是指日本方面，美国方面当然是政府出面。日本和美国都属于协约国阵营，对此两国亦有利益一致之处，最终"日美船铁交换"事宜让日本的造船业和海运业摆脱了被动局面。

在交涉过程中大放异彩的金子和松方，也分别为他们的企业谋取了十足的利益。金子买船，松方造船。另外，他们二人出资共同成立了名为"国际汽船"的轮船公司，在海运业也获利颇丰。也就是说，在为自己谋利的同时，也维护了日本造船业和海运业的整体利益。美国禁止出口政策是给日本经济热潮泼的一瓢冷水，而他们的举动则将日本的经济拯救于水火之间。这时的金子直吉已经成长为能够扮演这一关键角色的人物。

铃木商店因为这一波高速增长而成为暴发户的代表。树大招风，社会舆论的批判层出不穷，其中比较有代表性的是"米骚动"期间发生的打砸抢烧事件。

铃木商店在这一时期不仅仅涉足钢铁和造船，其业务范围几乎包括所有商品。当然，它也在国内大米市场从事交易。1917年到1918年，日本的大米行情暴涨，米价上涨背后跟一战有些许关系。俄国十月革命爆发后，以协约国为中心的联合部队计划出兵西伯利亚干涉俄国革命，日本也在其中。兵马未动、粮草先行，随着日本政府派遣大量部队出兵西伯利亚，导致日本大米价格暴涨。

不良商家借此囤积居奇，导致民不聊生。最终以富山县渔村妇女抢米为开端，爆发了全国范围大规模的"米骚动"。这次"骚动"的最恐怖之处在于从来没有人设想过会引起如此大规模的骚动。最初只是几位妇女在拉家常时抱怨不满，没想到短时间内发展成为全国性的暴动。暴动不可避免地伴随着打砸抢烧，另外还有煤矿矿主被杀害的报道。全国范围的大暴动持续了一个半月的时间，事态已经发展到必须动用军队镇压的地步。

其中最为激烈的暴动发生在关西地区，尤以大阪到神户一带最甚。特别是在 1918 年 8 月 9 日至 14 日期间，坊间传闻铃木商店就是囤积居奇的最大元凶，愤怒的民众涌进铃木商店的各家店铺，要求交出大米，在得到否定的回答后，参与暴动的民众就放火烧毁了铃木商店的多家店铺。接下来全国各地经营大米的商店都遭到不同程度的损害，其暴乱程度相当于明治维新初期日本各地爆发的农民起义。

城山三郎在著作《鼠——铃木商店打砸事件》中将这一事件以小说的形式呈现了出来，城山大概也是基于《大阪朝日新闻》等诱导性的报道来推定铃木商店遭到打砸抢烧。新闻媒体的报道是暴动扩散至全国范围的重要原因，但我们也不能据此认为新闻报道必然能够引起全国性暴动，只是民众心中坚信媒体的报道属实。

如城山所述，铃木商店囤积居奇并无确凿证据。但是，三井物产利用其下属的米商囤积大米是有据可查的。铃木商店手头确实有库存的大米，但是不能说它是囤积居奇、投机倒把的中心。从结果来看，还是使用空壳商店最为保险，铃木商店遭到打砸抢烧，而三井物产却安然无恙。

这一事件暴露出铃木商店营商方式的危险性。当然，作为如此规模的企业，打砸抢烧并不会影响到商店的经营。几家店铺虽然蒙受了损失，尚不至于伤筋动骨，铃木商店继续如日中天、扩大地盘。

铃木商店的特色在于其定位虽是贸易商社，同时也在积极拓展新领域，向着多元化经营的方向发展。铃木商店作为近代产业的创设者，在日本的近代化进程中也理应占有一席之地。

表9-2所示为与铃木商店有关联的代表性企业。其中有部分企业活跃至今。例如，神户制钢所、日本制粉、日本商业会社

（日商）、帝国人造绢系等。其中帝国人造绢系是金子直吉起意人造丝后成立的公司。神户制钢所也是铃木商店早期并购的企业，在铃木的强有力经营下发展壮大。

表9-2　与铃木商店有关联的代表性企业

单位：万日元

企业名称	成立年月	实缴注册资本金
直系企业		
天满织物	1887年3月	524
日本制粉	1896年9月	1230
神户制钢所	1905年9月	2000
日本商业会社	1909年2月	500
浪速仓库	1917年6月	500
帝国人造绢系	1818年2月	875
帝国炭素	1919年5月	1000
合同油脂甘油	1921年4月	500
克劳德式氮气工业	1922年4月	1000
丰年制油	1922年4月	1000
直系35家企业共计		11799
旁系企业		
第六十五银行	1878年11月	625
日本水泥	1888年3月	500
东京毛织	1906年11月	1600
东亚烟草	1906年11月	580
东洋制糖	1907年2月	2203
帝国麦酒	1912年5月	550
朝鲜铁道	1916年4月	1765
日本樟脑	1918年2月	675
信越电力	1919年5月	3200
国际汽船	1919年7月	7715
大日本赛璐珞	1919年9月	1000
旭石油	1921年2月	930
旁系30家企业共计		23867
65家企业共计		35666

资料来源：安藤良雄编『近代日本经济史要览』第2版、东京大学出版会、1979、112页。

其中有许多企业是铃木商店在一战的经济热潮中成立的。除了新成立的企业，铃木还通过购买股票等方式收购既有企业，由此发展成控股公司型的巨型企业。截至1919年，至少有60家企业是铃木商店的子公司或者旁系公司。

作为本部母体的铃木商店只是注册资本金为50万日元的企业，但这些都不影响其扩大经营规模。金子直吉并不认为充实自我资金为必需，毕竟钱财天下流、风水轮流转，这是金子的经营信条。所以对他来说，如何能够抓住机会进一步扩大铃木商店的事业是最要紧的事。注册资本金很低的铃木却能够取得如此巨额的经营收入，恰恰是金子积极拓展事业的结果。

铃木商店虽然被贴上"暴发户"的标签，但是金子直吉并不贪恋财富。金子直吉曾对友人说起过"内人小气"等琐事。例如其夫人经常向金子直吉抱怨"房屋漏水、尽快修缮"云云，金子对此的回答是："不要在这些琐碎问题上抱怨，找个不漏雨的地方去住不就得了。"

如此看来，金子是一个不拘小节、不恋财富之人。或许他们家的房子尚且宽敞，但毕竟不至于豪奢。金子就像工作中的工蚁，孜孜不倦，一根筋地推动自己想要做的事业。

正是凭借这样的实干精神，铃木商店在一战的经济热潮中取得了巨大成功。此外，铃木商店的店主阿米夫人不干涉商店的经营，全权委托金子直吉也是其取得成功的重要原因。当然，由于权力过度集中于金子直吉一人，也让商店整体的决策路径越发窄小，最后出现战略决策上的误判。

支撑铃木商店高速成长的另一个因素是对贷款的高度依

赖。关于其经营收益如何再投资等问题，因为铃木商店破产后相关资料的缺失，我们无从查找。按道理来说，经营和财务相关的记录应该妥善保管才是，总之经营收益渐次投入新的领域。在一战期间，商业银行对这类潜力股企业亦积极融资。当时的调查显示，几家大型银行无一例外都跟铃木商店有往来，所以铃木商店可以从银行借贷事业拓展所需的资金，而且是巨额贷款。

没钱就找银行借款，这也是金子直吉的经营信条之一。当时也有银行能够满足铃木商店借钱的胃口，其中之一就是台湾银行。这也是铃木商店的历史自始至终跟台湾有着密切关联的重要背景之一。

金融恐慌和台湾银行

早在从事台湾的樟脑和砂糖贸易时，铃木商店就和当时台湾地区的"中央银行""台湾银行"建立了密切的业务联系。二者之间的业务联系在一战经济热期间进一步加强。当然，在铃木商店的鼎盛期，三井银行、三菱银行、第一国立银行、住友银行等都积极向其提供贷款。不过主力银行仍然是台湾银行。

台湾银行的业务范围主要在台湾岛内开展，同时也给位于关西地区的铃木商店提供贷款。作为殖民地经营的中枢机构，台湾银行扩展至日本国内多少有些出人意料。总之，其结果就是殖民地"中央银行"与日本国内的银行一同参与投融资竞争。

台湾偏安于一隅，并没有从一战的经济热中获得实际发展。

台湾岛内没有军需产业，只有大米、砂糖等经济作物。台湾银行扩大业务范围的途径只能依靠东京分行在日本本土拓展融资。这已经超出了台湾银行的本职业务，所以其行事相当谨慎。作为一家银行，只要有企业伸手借钱，就能够从中获得利息收入，基于这一判断逐步拓展业务范畴。基于此，台湾银行扩大了日本本土的交易，并向铃木商店提供了贷款。

表9-3为1922年至1924年铃木商店与台湾银行之间的借贷记录，该表充分反映了两家企业在1920年代上半期的紧密联系。其中，1922年末铃木商店的贷款总额为3.2642亿日元，其中从台湾银行借款1.7737亿日元，占比为54.3%。到1924年从台湾银行的借款额增至2.4683亿日元，占比达到62.3%。可以说是台湾银行从资金的层面"罩着"铃木商店。用当时的话来说，台湾银行就是铃木商店的"机关银行"，只要铃木商店需要资金都可以从台湾银行借到。对于铃木商店而言，与台湾银行的关系是生死攸关的。

两者之间的关系后来变得越发密切，其中一个重要原因是其他银行陆续遇到资金困难，很难向铃木商店提供贷款。台湾银行作为铃木商店的"机关银行"，如果决算资金不足导致拒付票据等事态发生，则本利皆输、鸡飞蛋打。台湾银行只好填补其他银行的借款空缺，继续向铃木商店增加贷款额度。这跟上一章古河银行代替第一国立银行向古河提供贷款的案例如出一辙。台湾银行承担了本该由其他银行提供的贷款之后，同铃木商店的关系进一步深化，以至于一步一步陷入深渊、难以摆脱。

表9-3 铃木商店与台湾银行的借贷关系

单位：万日元

	1922 年末	1924 年末
(1)铃木商店从台湾银行等的借款情况		
台湾银行(A)	17737	24683
其他银行	14905	14939
贷款总额(B)	32642	39622
A/B(%)	54.3	32.3
(2)台湾银行提供给铃木商店贷款情况		
铃木合名、铃木商店	26103	27842
关联企业	1487	7387
铃木相关总计(A)	27590	35229
固定贷款	25000	32249
台湾银行贷款总额(B)	78633	72076
A/B(%)	35.1	48.9

注：铃木商店所记账的台湾银行贷款债务额因为记账方法不同，所以与台湾银行方面的记账额有差异。

资料来源：安藤良雄編『近代日本経済史要覧』第2版、113 頁。

台湾银行是当时日据殖民地的"中央银行"，是日本政府经营台湾所绝对必需的银行，有这样的银行作为铃木商店的后盾可谓稳坐钓鱼台。这种具有政府背景的银行向铃木商店提供贷款，也得以使其他银行安心地向铃木商店提供贷款。二者彼此信用保证、相得益彰，对外树立了优良企业的形象。

但是，日本政府已经意识到台湾银行和朝鲜银行在本土蜂拥投资所带来的经营问题。让这些问题雪上加霜的是关东大地震后日本政府为救济经济界而大量发行的"震灾票据"。"震灾票据"的发行和处理导致经济问题向着政治问题的方向发展。

受关东大地震的影响，灾区企业因无法使用票据结算而濒临破产。日本政府以政府担保的形式，让日本银行发行救济性再贴现（政府补贴）的灾区支票。再贴现支票让民间银行暂时缓和了要求企业尽速还款的压力，背负银行贷款的企业获得喘息空间。这是日本政府针对关东大地震所采取的救济措施之一。

事实上，自一战的经济热退潮之后，日本的民间企业开始遭遇各种各样的经营瓶颈。中央政府此令一出，它们如获至宝。纷纷以各种理由申请"震灾票据"，哪怕是大地震之前既存的票据也以"大地震期间无法回收的票据"为由进行申请，而中央政府亦没有判断"震灾票据"的明确标准。这一时期的银行贷款，即使是长期借贷也不过是三到六个月的票据借贷形式。经过上述几番操作之后，企业纷纷以"震灾票据"的形式谋求长期贷款，这样以政府担保的形式让企业渡过了难关。

其中，铃木商店和台湾银行是最积极利用该救济措施的两家企业。表9-4所示为经由银行申请再贴现"震灾票据"的列表。从银行来看，1924年经由台湾银行申请贴现的金额为1.1523亿日元，约占总额的1/4。其后，其他各家银行的金额逐渐减少，但直到1926年12月台湾银行仍然维持在1亿日元左右，占比约一半。"震灾票据"大额贴现申请方（表9-5）中，铃木合名、铃木商店在1924年3月末为7200万日元，约占所有贴现申请额度的1/6。排在铃木之后的是久原，而久原商事在此后不久破产倒闭。此外，高田商会和国际汽船分别于1924年和1930年倒闭。高田商会主要从事美国电机制造商西屋电气

（Westinghouse）及德国电气机械、兵器等的进口业务，作为主营机械类商品的商会其业务曾于三井物产旗鼓相当。

表 9-4　通过银行申请的"震灾票据"贴现额度

单位：万日元

持有震灾票据的银行	1924 年 3 月末的总额	1926 年 12 月末的余额	大额债务方
台湾银行	11523	10004	铃木、久原、山本、浅野
藤本票据银行	3721	218	
朝鲜银行	3599	2161	日鲁渔业、日本生丝、SALE & FRAZAR、高田商会、铃木
安田银行	2500	0	
村井银行	2043	1520	村井
十五银行	2007	0	国际汽船、国债信托、早川电力
川崎银行	1937	372	大同电力、铃木
近江银行	1342	932	大叶久吉
其他	14409（88 家）	5474（47 家）	
合计	43081	20680	

资料来源：安藤良雄编『近代日本経済史要覧』第 2 版、113 頁。

铃木商店通过台湾银行申请的"震灾票据"贴现获得了大量政府救济资金，其经营事业得以持续。铃木不仅填补了经营上的损失，其账面上还出现盈余的状况。

但是，"震灾票据"是由日本政府担保且由日本银行再贴现的票据，原则上这些申请的企业在业绩恢复之后应该予以返还，所以并不意味着可以放任自流。而且，当时日本国内掀起护宪运动，国内舆论批判政府与财界勾结保护特定企业的声音不绝于耳。这里批判的对象就是铃木商店。舆论认为铃木商店通过台湾银行申请大量"震灾票据"贴现，利用政府救济补贴来为企业延命。受此批判的影响，政府亦不得不着手整顿"震灾票据"事宜。

表9-5 "震灾票据"贴现的大额债务方（1924年3月末）

单位：万日元，%

债务方	债务额	占总额的比例
铃木合名、铃木商店	7189	16.7
久原商事、久原房之助	2220	5.2
国际汽船	804	1.9
原合名	772	1.8
高田商会	751	1.7
村井合名、村井矿业	741	1.7
日鲁渔业	675	1.6

资料来源：安藤良雄編『近代日本経済史要覧』第2版、113頁。

在审议整顿"震灾票据"相关法案的过程中，发生了著名的片冈大藏大臣失言事件，即所谓"东京渡边银行停业"的说法。这一事件发生于1927年3月。这一失言被媒体报道后，发生了储户向银行挤兑的现象。银行因为库存现金不足无法满足储户的要求，这样以讹传讹最终导致银行存储遭遇重大危机。[1] 结果东京渡边银行、中井银行、村井银行、左右田银行、中泽银行等在当年3月相继停止营业。

---

① 武田晴人『新版　日本経済の事件簿：開国からバブル崩壊まで』、第八章。

这就是所谓的"昭和金融恐慌"。对于铃木商店而言不幸的是，这一恐慌最终也波及了台湾银行。进入4月以后，台湾银行东京支店陷入短期停业状态。在金融恐慌尚未爆发之前，日本政府已经着手针对台湾银行的救济政策及铃木商店的应对政策。主导"震灾票据"法案制定的片冈大臣或许也在摸索救济台湾银行并让铃木商店重建的经营方案。

但是，根据后来的记录显示，日本政府、日本银行和台湾银行的共识是力挽台湾银行于破产的境地，对于铃木商店则倾向于弃之不顾的态度。因为一旦决定帮助铃木商店，则会遭受舆论的政治批判，故断然不可向铃木商店伸出援手。基于这一判断，日本政府切断了台湾银行与铃木商店的关系，健全台湾银行的经营管理，由此产生的成本由日本政府承担。

台湾银行针对铃木商店的"震灾票据"整顿事宜相对消极，这招致了政府和日本银行的不满，虽然目前并无明确的资料支撑上述论点。在"震灾票据"法案向国会提出前夕，台湾银行以整顿铃木商店贷款为由向日本银行申请追加资金，日本政府和日本银行都拒绝了台湾银行的申请。日本政府似乎已经明确不再追加提供给铃木商店救济资金的决定。其实台湾银行的上述申请，半数以上是用于自身经营重建，只不过是以救济铃木商店为理由向日本银行提出申请罢了，但即使如此仍遭到了日本政府和日本银行的拒绝。[1]

---

① 武田晴人『鈴木商店の経営破綻：横浜正金銀行から見た一側面』、第六章。

台湾银行看到政府的援助未必可期，以及金融恐慌所致中小银行倒闭渐多的事实后，便单方面停止了铃木商店的贷款。也就是说，台湾银行接下来不再贷款给铃木商店。这是台湾银行不顾铃木商店经营恶化而自我保全的救命稻草，除此之外还采取了其他压缩不良贷款的具体措施。铃木商店早就潜藏危机，但仍然向其提供贷款，台湾银行作为债权人当然有责任，但当前只能明哲保身。台湾银行也认识到，日本政府不会对自己见死不救，毕竟是帝国殖民地的"中央银行"。停止向铃木商店提供贷款，也是台湾银行"杀熟谋生"的重要出路。

如前所述，铃木商店的多数贷款是以短期票据形式获得，到期之后则续签续期。其贷款自然会陆续到期。对于台湾银行而言，不再新增加贷款其实也就意味着收回既有贷款。而且对于铃木商店而言，如果台湾银行拒绝提供贷款，其他银行也不会向它提供贷款，这是在变相地收回资金。如此一来，铃木商店陷入进退维谷的境地。铃木商店在明白供给完全中断的事实后，于1927年4月上旬宣布自发关店。一战期间快速成长的铃木商店因1927年的金融恐慌导致资金链断裂，最后以破产申请而告终。

台湾银行虽然得以存续，但也因为停止贷款给铃木商店而给外界带来不安全感，从而导致外部金融机构相继收回提供给台湾银行的活钱，进入4月以后台湾银行也进入停业状态。或许恰恰因为如此，台湾银行方面保存的有关铃木商店和金子直吉的记录以负面内容居多。

通过铃木商店破产这一事件，有如下几个问题值得特别指出。

铃木商店的事业确实具有冒险性和投机性，但是基于全盘否定的视角进行评价也未必合适。铃木商店并非沉迷于热潮而追求泡沫景气的泛泛之辈，毋宁说铃木留下了其事业的根基。例如，神户制钢所、日本制粉、帝人等企业现在仍在各自的领域位居翘楚。这表明铃木商店的事业选择并没有错误，留下这么多有影响力的企业，不可谓不成功。

此外，铃木商店积累了丰富的管理经验，培养了为数众多的人才，但是在人才尚未养成之前就趁着经济热潮迅速扩大经营并不是一个好的选择。

当然，铃木商店的失败是既成事实。失败的原因或许并不太为世人所知，即组织结构上的缺陷。金子直吉大权独揽，即是强项也是短板。阵前指挥、亲历亲为的经营方式对于小规模的组织和商社而言确实有效，从这个角度来看金子确实是有能力的经营者。但是，随着铃木商店的组织规模越来越大，金子不可能做到事无巨细。他独具慧眼，拓展事业，却抓着所有的事情不放，在我看来这是铃木商店陷入机能不全的重要原因。如拙著《铃木商店的经营破产》一书所示，金子已经不能有效掌控全国各家支店的活动，来自基层的信息亦无法准确传至金子的耳朵。

同时期的三井则呈现另一番光景。担任三井合名理事长的团琢磨并不是决断型的领导人，因此在三井内部有"不决断的团"这一说法。三井在看似优柔寡断的团琢磨的带领下，对于出台新的方针一向谨慎。虽然内部有这样那样的意见，但是做出决策往往需要更长的周期，如此一来三井错过了不少商机。

金子直吉的性格与其截然相反，是一位当机立断型的企业家。金子游离于组织体系之外，这是铃木商店最大的问题点。当然，本该扮演制动阀角色的店主阿米夫人也有问题。阿米夫人作为铃木商店的出资人，理应在关键时候发挥其应有的作用。

反观三井，三井合名背后的三井家同族会就扮演了这样的角色。铃木商店却没有人能够制衡金子直吉的所作所为。以阿米夫人为中心的铃木家以及同族认为金子直吉有能力便将经营事宜全权委托与他，出资者并没有成立能够制衡职业经理人的组织。此外，在创业初期就跟金子一起为铃木商店的发展做出突出贡献的柳田富士松去世，也让铃木商店失去了可以制衡金子的一位领导者。

因此，欠缺能够制约专业经理人的组织机构，是铃木商店以悲剧落幕的重要原因之一。

10　三大财阀的霸权：
控股公司支配的网络

　　本书第 8 章和第 9 章相继介绍了"二流财阀"的凋敝和铃木商店的挫折。同一时期，三井、三菱和住友这三大财阀相继确立了财阀的地位，所以以上两章所追溯的只是给作为三大财阀陪衬的竞争对手的足迹。

　　如同马拉松赛跑一样，以明治初期为起点的话，有经验的职业选手和毫无经验的新人站在同一起跑线上。发令枪响之后，跑在第一集团的既有经验丰富的选手，也有敏锐抓住机会得以进入第一集团的新人。其中，古河、藤田、铃木等作为第二集团的选手，在一战期间快速拉近同第一集团之间的距离，以至于在竞技的中间阶段陷入乱战状态。但是，一战结束后不久，在第二集团中掉队的选手终因为实力不济而退出竞争队伍，最终留在第一集团的还是在明治时期就奠定牢固基础的三井、三菱、住友。虽然他们三者之间实力对比稍有差距，但作为具有相当实力的财阀进入第一集团是毋庸置疑的。

败者的劣势

　　为何会出现反差如此鲜明的胜败？正如我们此前讨论的那

样，财阀在成长的过程中，专业经理人的出现至关重要。在企业腾飞的关键时期，如果不能够有效地培养人才，那么就不能很好地维持企业组织的运营和管理。

对于那些发展比较顺利的企业集团而言，以各种方式确保人才是重要的路径。例如在企业发展的初期或延揽具有留学背景的学生，或招聘有政府工作经验的人才，或者直接从大学内定精英，让他们在生产和管理的现场历练。在此之后，则是机制化地从帝国大学招募年轻人才，作为企业员工用心培养。在人才培养上下苦功夫是企业组织运营成功的关键。

当然，事实也未必完全如此。本书中提到的古河是因为缺少专业经理人而失败的典型案例。古河营业部门的人员只了解煤炭和铜的行情，对大豆和豆饼市场一窍不通却要与三井物产、三菱商事、铃木商店等实力商社分一杯羹，最后落得孤立无援、破产倒闭的境地。对于古河而言，没有相关领域的专业人员是致命伤。古河的失败并非古河商事破产这么简单，同时也是古河整体向着财阀发展的一大障碍。

古河合名为弥补大连的豆饼投机生意的损失，不得不以出售持有股票的方式来偿还贷款。这削弱了古河作为控股公司的功能，逐渐失去了其对产业领域的支配能力。以古河商事的破产为转折点，古河合名作为财阀的扩张能力受到严重限制。

此外，古河商事及古河合名自身的管理能力也是被诟病的因素之一。对此我们可以断言，专业经理人和管理人的缺失对于财阀来说是致命伤。

即使有了足够的人才也不意味着企业能够平稳发展。铃木商店在发展的早期阶段就积极录用大学毕业生，铃木下属日商、神户制钢所的经营者都是在日本产业史上留名的人物。这些人才日后成为金子直吉的左膀右臂，即便如此铃木商店也难逃破产的厄运。

相较于铃木，古河的组织管理系统更加完备，铃木商店的大问题在于将权力委任给金子一人，而金子本人在企业壮大后却疏于完善铃木商店的组织管理系统。即使是具有超能力的管理者，也不可能单独管理占比日本经济总量数个百分点的庞大企业。所以，组织管理系统的缺位是铃木商店的重大缺陷。

美国著名的企业史学者钱德勒曾提出"组织结构服从战略"的理论假说。即企业的组织结构应该服从企业的经营战略安排。但是，这并非自然发生的调整。如果没有强有力的领导人推动这一调整，组织机构仍然是僵化和迟滞的，即发生"组织结构跟不上经营战略节奏"的情况。所以，企业经营战略一味求新并不能反映企业增长的全貌。铃木商店的情形就是如此。金子直吉在经营战略上求变求新，却没有强有力的领导来推进组织结构的革新。

铃木商店破产的决定性原因是跟台湾银行的"孽缘"。铃木商店在对待金钱的问题上是后知后觉的，在借钱这件事情上几无警戒心。经营者不能察觉资金链的危险性，可谓工作的失职。

古河也依赖银行的贷款维持经营，后因古河商事的失败导致古河作为控股公司的支配力削弱。铃木商店所依赖的资金来自台湾银行。台湾银行出手阔绰，其他大银行亦竞相提供贷款，所以铃木丝毫没有认识到资金面潜在的问题。当然，顺风时往往是这样，一旦遭遇逆风就不是那么回事了。

铃木商店与其他几家大财阀的企业行为在贷款这一点上有着本质差异。三井、三菱和住友在这一时期向银行的贷款逐渐呈现减少倾向，而铃木商店对银行贷款的依赖程度非常之高。一战结束后经济陷入衰退时，铃木的贷款利息负担不断增加，最终马失前蹄、栽了跟头。

专业经营者的欠缺、组织机构不完备及资金供给能力弱是这些企业没能成为大财阀的共有弱点。三大财阀的特征恰恰与此相反，培育了专业的管理人才、成立委任专业经营者的组织机构、充实并有效管理自有资金。财阀的总部一方面尽可能限制同族插手经营事务，同时也针对子公司等部门成立了有效的组织管理机构。

金融恐慌的意义

整体来看，上述两大集团的竞争在 1920 年代末期，具体来说就是在 1927 年的金融恐慌期间落下帷幕。

在 1927 年的金融恐慌期间，台湾银行因为主贷款方铃木商社的倒闭而一度濒临破产。对于三大财阀而言，铃木商店的倒闭意味着最大竞争对手的消失。这次金融恐慌让有望成为大财阀的铃木商店彻底解体，只留下了个别有竞争力的企业。金融恐慌让自我资金充实型的实力财阀与借贷依赖型的二流财阀之间高下立判。

对于借贷依赖型的财阀而言，资金成本高是一大弱势。高额的利息占用了企业的利润空间，而且提供贷款的银行也不时会遇到各种问题。

古河的贷款来自财阀内部的古河银行，铃木商店稍微特殊，主要贷款来自台湾银行，藤田组来自藤田银行，久原最初是北滨银行，之后是安田银行。这些银行无法同三菱银行、三井银行、住友银行、第一国立银行等主力银行匹敌。快速成长的企业与相对弱势的银行相结合是二流财阀的代表性特征。

金融恐慌扮演了将优质银行和劣质银行做出区分的"筛子"角色。例如，金融恐慌期间，三井、三菱、住友等银行持续增加存款额，位列五大行之一的安田银行曾短暂遭遇存款额减少的局面，之后才逐渐恢复活力。

古河、藤田等二流财阀的银行存款额亦有所减少，规模更次的银行则濒临破产的境地。也就是说，金融恐慌让银行之间的差距一目了然。在债权人能力弱化的情况下，只要二流财阀不改变借贷依赖型的本质，财阀下属企业的成长空间必将受到限制。

金融恐慌不仅让那些试图追赶三大财阀的企业集团面临破产的境地，同时以本次金融恐慌为契机，五大银行体制得以确立。这是我们把金融恐慌为重要转折点的理由之二。五大银行具体是指三井、三菱、住友、第一国立、安田这五家银行。1933 年，鸿池、山口、三十四三家银行合并成为三和银行，形成了所谓的六大银行体制。最终，日本经济进入了都市银行的霸权时代。

如此一来，商业银行之间的差距越拉越大。例如，在所有商业银行吸收的存款中，五大银行占比超过三成。金融恐慌前日本大约有 1500 家银行，金融恐慌后经过破产、合并只剩下 300 余家。值得一提的是，1927 年日本政府制定并实施银行法，明确了保护储户和稳定金融等内容。大藏省被赋予较大的管理权限，从而形成了日本统制型金融政策体系。受惠于此，直到 1990 年代末，日本的商业银行鲜有出现破产倒闭的案例。

对于五大银行体制而言，值得庆幸的一点还在于它们的直接竞争对手相继陷入疲软甚至破产的状态。例如，住友银行在大阪金融市场的直接竞争对手是位居次等的藤田银行。住友银行同这些新兴银行展开了激烈的争取存款的竞争。在东京一带，对于三井、三菱、住友来说，古河银行、浅野昼夜银行等二流财阀的银行与它们直接竞争。当然，竞争对手远不止这些。

金融恐慌期之前，对于财阀系银行而言，信贷金融市场中比较难缠的对手是台湾银行和朝鲜银行的支店。正如上一章所述铃木商店与台湾银行的关系那样，作为殖民地"中央银行"的两大银行不仅可以吸收存款，同时还享有发行银行券等特权。这两家银行利用这一特权，在信贷领域对日本国内的企业具有很强的影响力。

台湾银行以信托存款等新形式积极吸收存款，并将这些存款贷给铃木商店。台湾银行的强势地位一直维持到金融恐慌期间，在铃木商店遭遇挫折后，台湾银行大幅压缩在日本本土的金融业务，回归其作为台湾"中央银行"的本职业务。朝鲜银行亦是如此，只不过其后的触角从朝鲜伸向了中国东北地区。

台湾银行和朝鲜银行作为扰乱日本本土市场的外部因素，同时也是强大的竞争对手，其退出日本本土市场对于五大银行体制的稳定而言是一件幸事。五大银行体制稳定了金融领域，这对于控制了银行的大财阀来说，强化其经济实力就成为自然而然的事情。

将金融恐慌作为转折点的第三个原因在于，随着"二流财阀"的弱化和破产，产业领域的竞争关系开始发生变化。

铃木商店的情况如前所述，一战结束后面临资金困难时，为筹措资金使用了各种手段。铃木作为1920年行业卡特尔的一员，不遵守行会的约定，擅自调整产品价格、生产数量和销售数量。铃木商社总部发出"强化筹集资金"的命令，子公司为服从命令只能廉价销售产品，以廉价销售的赢利额来补充总社的资金亏空。如此一来，卡特尔协定形同虚设。

这让其他加入卡特尔协定的成员企业很是困扰，其中亦不乏效仿铃木商店的企业。企业间的行会组织费时费力缔结的协定，铃木出其不意破坏规矩，从而导致协定前功尽弃。铃木商店在金融恐慌中倒闭之后，企业的遵约行为越来越普遍，基于卡特尔原则的统制协定趋于稳定。各类产业组织安分守己，于是支配各组织之中企业的财阀也相应强化了各自的实力。因此可以说，金融恐慌前后通过稳定卡特尔协定的方式也从侧面确定了财阀的霸权地位。

三大财阀的霸权

那么，三井、三菱、住友三大财阀在日本经济整体中究竟扮演了什么样的角色？表10-1所示三井和三菱的康采恩体制反映的是1928年两大财阀的企业规模。该表参考的是高桥龟吉1930年

表 10 – 1　三井与三菱的康采恩体制

		直系公司	
三井合名	三井物产 船舶部 造船部	大正海上、东丽化工、东洋棉花、德意志物产、法兰西物产、满鲜企业	
		东洋棉花	天满纺织、内海纺织、上海纺织、东洋波特纺织、南北棉业、东洋薄纱纺织、满洲棉花
		日本制粉、远东炼乳、日本樟脑、东洋巴布克、三泰油房、汤浅电池、横滨捻丝、东京计器制作所、三机工业、日华蚕丝	
	三井生命		
	三井银行		
	三井信托	三信建物	
	三井矿山	釜石矿山、神冈水电、基隆煤矿、台湾煤矿、太平洋煤矿、北海道煤矿、北海曹达、大日本煤矿、松岛煤矿、彦岛制炼所	
	东神仓库	大正运输、南洋仓库	
		旁系公司	
	王子制纸	富士制纸、大淀川水力发电、共同纸浆、共同制纸、共荣起业、桦太铁道、南桦铁道、北海道铁道、桦太电气、川夫木材、日本惠尔得、南鲜殖产电气、东洋制纸	
	北海道炭矿汽船	夕张铁道、共立汽船、日本制钢所、价川铁道	
	钟渊纺织	上海制造绢丝、锦华纺织、南美殖产	
	芝浦制作所	内外电热器	
	台湾制糖	南国产业	
	郡是制丝		
	电气化学		
	小野田水泥		
	三越		
	热带产业		
	台湾拓殖制茶		
	大日本赛璐珞		

		分系公司	
三菱合资会社	三菱造船	三菱电机、三菱航空机、日本光学工业	
	三菱制铁	东京钢材	
	三菱矿业	九州炭矿汽船、雄别炭矿铁道、美呗铁道、中岛矿业	
	三菱商事		
	三菱海上火灾		
	三菱银行	三菱仓库、菱华仓库、共同仓库、共同运输	
	三菱信托		
		关联公司	
	日本邮船	近海邮船、横滨船渠、朝鲜邮船	
	明治制糖	明治商店、明治制果、苏门答腊兴业	
	若松筑港		
	东京海上	东明火灾海上、丰川铁道、明治火灾	
	满蒙殖产		
岩崎家		裙带公司	
	三菱制纸		
	旭硝子		
	东山农事		
	明治生命		
	富士瓦斯纺织	富士水力	
	麒麟麦酒		

注：虚线表格为旁系、关联公司的子公司，本表所列子公司均为三井、三菱具有绝对支配权的代表性公司。

资料来源：三和良一·原朗編『近现代日本经济史要览』、118－199页。

出版的《日本财阀的解剖》一书。① 虽然是 90 年前的著作，却是考察这一时期财阀不可或缺的基础文献。学者们的著作陆续成为历史，但是其中的数据依然是鲜活的。

———————

① 高橋亀吉『日本財閥の解剖』中央公論社、1930。

至于高桥是以何种标准甄别三井和三菱的旗下企业的，我们不得而知。一般认为主要是基于控股关系而定，即财阀是否为可以介入企业经营的大股东。此外，财阀是否派遣要员在对象企业担任要职也是重要的判断标准。

以三井物产为例，位居企业金字塔顶端的是三井合名会社，其旗下的企业根据三井的分类可以分为直系公司和旁系公司两类。在直系公司中，除东神仓库外均使用三井的商号。这些公司中除明治时期就已经存在的物产、银行和矿山外，新增了信托会社等公司。旁系公司则有王子制纸、北海道炭矿汽船、钟渊纺织、芝浦制作所（后来跟东京电气合并，改称为东京芝浦电气，即"东芝"）、台湾制糖、郡是制丝、电气化学、小野田水泥、三越等。

这一时期的三井形成了以直系公司为顶点的次级金字塔结构。以三井物产为例，其下既有直系的子公司，也有旁系的子公司。船舶部和造船部当时尚属于三井物产的内部组织，其后不久亦作为物产的子公司分别成立了三井造船和三井船舶。三井矿山则有釜石矿山等众多子公司，在以总公司为中心的金字塔结构中，内含直系子公司为控股公司的金字塔结构，三井庞大的组织机构得以继续扩展。

特别是这一时期的三井物产和三井矿山，大量收购其他相关企业的股份最终将它们作为子公司纳入其经营管理之下。三井的子公司用在股份投资上的资金是总公司股份投资额的三倍。也就是说，扩大规模的不仅仅是作为合名会社的总公司，子公司投资规模的扩大亦成为这一时期三井发展的亮点。

三菱的情况与三井相似。居于顶端的三菱合资会社下面有造船、制铁、矿业、商事、海上火灾、银行和信托七家分系公司。另外还有日本邮船、明治制糖、若松筑港、东京海上、满蒙殖产等关联公司。明治初期因为与共同运输会社之间的竞争而放手的日本邮船，在明治后半期随着三菱系的人脉掌握实权，已经成为三菱财阀的关联企业。

与三井稍显不同的是，岩崎家第二代掌门人久弥和小弥太各自都有股票投资，以个人名义持有三菱制纸、旭硝子、明治生命等企业的股份。三井则如前所述，本家和分家共计 11 家以同族全部资产集中到三井合名会社中，并无以个人名义持有的公司，本书此前讲到"总有制"的时候已经提到了这一情况。对于三菱而言，那些冠以三菱商号的企业被集中到三菱合资会社的旗下，而三菱营业总资产则成为岩崎两大同族"总有"的资产。其中一部分使用三菱的商号，是岩崎本家和分家通力协作扩大的企业。此外，岩崎家允许合资会社的出资员工以分红来进行个人投资，但是资产的中心仍然在三菱合资会社。三菱银行、三菱商事、三菱矿业各自又有数量不等的子公司，这种次级金字塔的组织结构与三井相似。

从企业名中可以看出，除了部分以海外为据点的企业外，大多数企业到了战后发展成为知名企业。以控股公司为顶端的企业集团网络在这一时期初具雏形。

这种企业组织形式被称为"康采恩"。财阀所具有的组织特性在于，以总部（本社）为中心的企业间关系，基于股份的持有为中心形成强有力的纽带关系。在当今时代，即使是被称为所有人支配型的企业，大股东所持有的股票比例也未必可观。在持股份额相对分散的状态下，即使持股比例不高也有可能成为企业的最大股东。但是对于当时的财阀而言，股份的所有并没有那么分散。特别是直系的子公司，总公司的持股比例近乎百分之百。三井对其下属的三井物产、三井矿山、东神仓库三家公司百分之百持股。三井信托的持股比例要低一些，这是因为信托会社的成立来自大藏省拓展金融业务的倡议，呼吁各家企业共同出资，所以住友、三菱和安田持有三井信托几个百分点的股份。当然，三井是最大股东。三菱的信托会社与三井信托相同，三菱是最大股东，其他几家企业交叉持股。三菱对其下属的三菱商事、三菱制铁、三菱电机近乎百分之百持股。这种"康采恩"组织结构下，财阀对资本具有强大的聚合力，本书开头部分所谓"封闭性支配"所反映的恰恰是这一特征。

但是旁系公司的持股比例大概只能维持在 30% ~ 50%。也就是说越靠近顶端其聚合力就越强，越外延其聚合力相对就越弱。

前面已经讲过，这一时期的三井直系子公司的投资有了相当程度的增长。这也是财阀为维持其组织特性而使用的惯常方法。对于三井财阀而言，无论是三井物产持股的子公司还是作为总部三井合名会社支配的旁系子公司，其所属关系差别并不大。当时，由于本部是由三井同族百分之百出资成立，同族不太可能有那么多的财力继续扩大投资。而且三井合名成立的背后本就有限制同族权限的目的，以贷款扩大投资也不是好的方式，所以作为总部的三井合名会社很难增加对子公司的投资。最终，本部与直系公司虽然通过超高的持股比例得以维持稳定的关系，但是本部的行动受限也是不争的事实。

比较而言，直系公司受到的制约较少，只要能够赢利就可以从银行获得贷款，行动的自由得到保障。所以直系公司的股份投资就推进得更加顺畅，当然投资者都把投资转向与本公司有业务联系的企业。以三井物产为例，其所购买的股份主要是跟自身业务往来密切的日本制粉、日本樟脑、东洋巴布克、三井工业等企业。持有业务往来企业的股票有利于三井物产事业的开展。基于这一原因，通过股份投资的形式，三井物产对其金字塔组织的下方进一步扩张。这时，直系子公司就不再像总部那样强调排他性支配，只要能够具有发言权也未必强求过高的持股比例。相较于资金的聚合力，财阀的产业支配力得到进一步强化。

此外，还有一个特征值得注意。这种强势的资本聚合虽然是财阀内部展开的，但是内部的企业并非势均力敌地相互持有彼此股份。从上到下强势一方持股的案例较为普遍，这跟战后日本的企业集团（参照本书第15章）持有的结构有所差异。

那么，这些财阀在日本经济发展的过程中究竟扮演了怎样的角色？首先我们来看一下三大财阀的规模，表10-2是柴垣和夫根据前引高桥龟吉的调查以1930年为基础制作的三大财阀分领域投资情况。

三井、三菱、住友的投资领域相当分散，其中缴纳资本金占比最多的是矿业，缴纳资本金为2.38亿日元，约占总缴纳资本金的1/9。食品、制纸及拥有日本邮船、大阪商船等企业的运输（海运）领域占比也较高。此外，商社、银行占比较高自不待言，

表10-2 主要财阀的事业投资领域（1930）

单位：家，百万日元，%

	三井		三菱		住友		三大财阀合计		缴纳资本金全国占比
	企业数	缴纳资本金	企业数	缴纳资本金	企业数	缴纳资本金	企业数	缴纳资本金	
矿业	3	118	6	98	2	22	11	238	63.3
钢铁	2	50	1	25	1	9	4	84	54.2
机械、金属	1	20	1	12	4	27	6	59	37.6
造船、船坞			2	35			2	35	22.7
食品	3	61	4	55			7	116	38.9
肥料	1	18	1	39	1	2	3	59	60.2
陶器	1	22	1	7	1	3	3	32	22.5
制纸	2	118	1	8			3	126	65.6
纺织	4	52	1	34			5	86	24.9
工矿业小计	23	511	20	339	9	63	52	913	41.2
电力、电灯	2	22	1	13			3	35	2.3
运输、通信			4	87	1	63	5	150	63.8
公共事业小计	2	22	5	100	1	63	8	185	6.3
商事、贸易	3	118	2	20			5	138	74.2
仓库	1	13	1	10	1	15	3	38	69.1
服务业小计	5	146	4	32	3	57	12	235	63.2
银行	1	60	1	63	1	50	3	173	29.6
信托	1	8	1	8	1	5	3	21	30.4
保险	2	2	5	37	2	4	9	43	46.2
拓殖、投资	1	300	1	120	1	150	3	570	69.3
金融业小计	5	370	8	228	5	209	18	807	50.8
合计	35	1049	37	669	18	392	90	2140	30.1

注：矿业部门的缴纳资本金小计为修正后的值，小计中包含其他未列进表的企业。

资料来源：柴垣和夫『日本金融资本分析』東京大学出版会、1965、278-279頁。

拓殖和投资领域占比高是因为这些领域是由财阀总部负责的事业。

纵向来看本表,财阀投资领域之广泛可见一斑。

三大财阀在矿业领域的企业有 11 家,资本金占比超过全国的六成,企业数量占比超过全国总数的五成,也就是说,全国半数以上的矿业企业尽在三大财阀掌握。其他行业如钢铁占比 54.2%,机械、金属占比 37.6%,造船、船坞占比 22.7%,食品占比 38.9%,肥料占比 60.2%。诸如木材、皮革、印刷、瓦斯、水道、铁道、酒店、证券等行业影响力较小,故而没有在表 10-2 中呈现,电力、电灯占比(2.3%)也微不足道。就三大财阀的总规模来看,旗下知名企业占比超过 30%。

表 10-3 所示为仅次于三大财阀之后几家财阀的投资领域情况。可以看到,安田几乎没有其他产业投资,重心一直放在银行业。浅野、大仓、古河比较偏向某些特定产业,但是在规模上无法比肩三大财阀。

表 10-3　三大财阀之外五大财阀的投资情况

单位:百万日元,%

	安田	浅野	大仓	古河	川崎	小计	全国占比	八大财阀全国占比
	缴纳资本金	缴纳资本金	缴纳资本金	缴纳资本金	缴纳资本金	缴纳资本金		
矿业		14	14	23		51	13.6	79.6
钢铁		9	12			21	13.5	67.7
机械、金属		3	4	25		32	20.4	58.0
造船、船渠		26				26	16.9	39.6
食品						0	0.0	38.9

	安田	浅野	大仓	古河	川崎	小计	全国占比	八大财阀全国占比
	缴纳资本金	缴纳资本金	缴纳资本金	缴纳资本金	缴纳资本金	缴纳资本金		
肥料						0	0.0	60.2
陶器		77				77	54.2	76.8
制纸	10					10	5.2	70.8
纺织						0	0.0	24.9
工矿业小计	23	129	47	50	0	249	11.2	52.5
电力、电灯	24	25				49	3.2	5.5
运输、通信		6				6	2.6	66.4
公共事业小计	29	48	0	0	43	102	3.5	9.8
商事、贸易	6	1	8			15	8.1	82.3
仓库						0	0.0	69.1
服务业小计	15	14	14	0	0	43	11.6	74.7
银行	112				27	139	23.8	53.4
信托	8				3	11	15.9	46.4
保险	6		2	1	10	19	20.4	66.7
拓殖、投资	30	35	20	50	3	138	16.8	86.0
金融业小计	156	35	22	51	43	307	19.3	70.2
合计	223	226	83	101	68	701	9.9	40.0

注：矿业部门的缴纳资本金小计为修正后的值。

资料来源：柴垣和夫『日本金融資本分析』、278－279 頁。

三大财阀外加安田、浅野、大仓、古河、川崎五大财阀总缴纳资本金的全国占比为 40%。对比两个表格可以发现，位居第二集团的五大财阀缴纳资本金占比仅有 10%，所以前述 30% 的比例恰恰说明了三大财阀的压倒性地位。

三大财阀就是这种可以对日本经济翻云覆雨的企业组织。财阀组织可以发挥多种功能，进而让财阀的规模越来越大。例如，有关产业的最新信息可以源源不断地汇集到总部或子公司，这些情报包括但不限于最新的发明专利、新领域的动向、商品的销售情况、企业的经营情况等。各种企业、各色人等多重参与，让企业组织的信息网络不断壮大。财阀组织在此基础上或可抓住新产业领域的机运，或者拓展企业的多元化经营，总之为财阀的长远发展带来了巨大便利。

不仅如此，在多元化经营的背景下，各部门之间可以形成良好的协作互助关系。某些部门遭遇到经营障碍，其他部门可以在系统内部提供相应的援助，降低了来自外部风险冲击的可能性。也就是说，产业部门或者投资领域的变化不会影响整体利益的稳定性，减轻或者分担风险是财阀多元化经营的裨益之一。既使在新的产业领域投资失败，也不会从整体上影响到财阀的运营，这是财阀的优势。

如前述古河商事的案例那样，在贸易领域用力过猛结果导致古河财阀整体蒙受重大损失。如果在多元化经营领域取得成功的话，即使在本领域处于不利局面，亦可以在其他领域挽回损失。另外，短期内未见收益的新领域亦可以有足够的财力和资源坚持投资并最终开花结果。财阀就是这样一个能够随时应对经济环境变化而生存发展的企业组织。

总之，日本的财阀不仅对国内的产业，也对市场信息、人员和资金的流动具有重要的影响力。

以资金的流动为例，财阀可以形成以本部为中心的内部资本市场。财阀下属子公司如果有具体的投资计划，总部可以整合并投放资金。当然，子公司之间亦是通过竞争性的资金申请等方式获得总部的融资，内部的银行等金融机构可根据子公司的经营情况适当放款。财阀以此内部资本市场为抓手，牢牢掌握住资金的配比和分配权。这种内部资金调整融通的机制，正如本书第 6 章所述，是控股公司所扮演的重要角色。

内部资本市场的一大优势是资金成本相对低廉。财阀总部投资所使用的资金多是企业收益的保留资金或者来自子公司的分红。子公司的分红比例要比正常稍低，这样总部可以用多出来的资金作为原始资金继续投向子公司。相较于其他企业从银行贷款或者发行股票融资，这种内部资本市场的调节风险更小、成本更低。特别是对新成立的公司而言，从外部资本市场、金融市场获得融资相对困难，这时来自母公司的类似于补助性质的资金援助就显得弥足珍贵。

凭借着强有力的金融实力，财阀们进一步购买电力公司的债券，并开始向东洋拓殖、南满洲铁道会社等殖民企业投资，以此来强化其影响力。大概从 1920 年代末期始，财阀开始在经济社会领域具备更大的发言权。

当然，过犹不及，财阀势力扩张过头也未必是好事情。在接下来的时代开始遭受日本国内激烈的批判，这是我们下一章要讨论的内容。

11 恐慌与购买美元：财阀批判的背景

进入昭和恐慌时代之后，舆论对财阀的批判开始爆发。批判的契机在于财阀系企业涉嫌操纵汇率市场，在日元贬值时购买美元。这违背了政府坚持金本位制的既定国策，军部和右翼势力据此批判财界"唯利是图""自我利益至上"。其中，"血盟团事件"等恐怖活动给财界以重大打击。主谋井上日召制定了"一人一杀"的计划，于1932年2月暗杀了主张黄金解禁政策的前大藏大臣井上准之助。接着3月暗杀了违背井上政策购买美元的三井财阀统帅团琢磨。

以此次暗杀为转折，财阀不得不正面回应来自社会的批判。它们或开放股票，或强化对社会公共事业的捐赠，这在当时被称为"财阀的转向"。"转向"一词特指左翼活动家思想上的变节，这里却被用在了财阀身上。本章的主题聚焦促使财阀"转向"发生的事件。

作为转机的昭和恐慌

首先，对时代背景进行简要回顾。

1929年到1931年在日本经济史上是被称为"昭和恐慌"的

时代。当时的日本政府是 1929 年 7 月成立的民政党滨口雄幸内阁，时任大藏大臣为井上准之助。与当时民政党相对立的是政友会，1931 年 12 月，民政党内阁总辞职，以犬养毅为首的政友会政权成立。至犬养组阁的这十多年间，是日本政治史上两大政党主导的政党内阁时代。保守派的两大政党彼此对立，平均大约一年半就会实现一次政权更迭。日本的两大政党体制与英国保守革新对立的两大政党不同，比较接近于美国的那种两党皆为保守的政党体制。虽然也有社会主义倾向的政党，但是因为在议会中的席位很少，所以并非有影响力的政治势力。这种两大保守党的政治对立，通常给政策制定带来大的混乱。当然，说混乱或许言过其实，但围绕政策的争论已经严重超过了两党对立的事实，以至于被政治性地加以操作和利用。

但是，改善日本的经济体制是两党的共识。政友会认为应该采取相对稳妥地接近财界主张的政策，在不损害经济界活力的前提下，从财政面上积极提供流动资金。用现代的说法就是强化公共投资，以政策刺激的方式促进经济的恢复。政友会的政策可谓积极的财政政策，但是民政党从政党对立的角度考虑，则主张紧缩财政的政策。

经济政策的差异也反映在日本的外交政策方针中。政友会主张对华强硬外交，认同田中义一内阁"山东出兵"等军事行动。对此，民政党政权则认同外务大臣币原喜重郎的外交主张（即"币原外交"），强调以同欧美相协调行侵略之实，在尽可能不使用武力的前提下扩大日本的权益。在对内、对外政策主张差异较大的状况下，两大政党的对立不可开交。

两党都主张积极扩大在中国的权益，但是一方主张积极派遣军队直接干预，另一方则主张以外交谈判为中心来推进。所谓政治的对立就是政治主张相似的一帮人基于所在政党利益而进行的争论，这种争论极其容易走向极端，但实际的政策执行上并无差别。

在经济领域，两党在选举特别是议会上围绕预算进行讨论时往往争得面红耳赤。但是，从结果上来看并无实质差别。根据政党各自的政权公约，政友会内阁时期理应扩大财政规模，民政党内阁时期则应紧缩财政，但直至1929年，两大政党政权的实际经济政策并无明显差别。从中央财政的角度来看或许能够看出些许差异，政友会在中央层面主张积极财政，但是流向地方的财政资金不足，从而导致地方财政紧缩，最终对财政并无根本性影响。民政党则与其相反，以"紧缩"作为招牌，但是由于其在地方上的选举支持较弱，从赢得选举的角度考虑，把更多的财政资金用在地方上。表面上的政治对立并没有带来经济政策上的本质差异。充其量只是为了获得政权，两党才彼此标榜差异。

日本在两党政策对立的状态下迎来了1929～1932年回归金本位制后带来的政治经济变动期。

日本重回金本位制即所谓的"金解禁"，经历了一段较长的波折期。自一战混乱期日本政府禁止出口黄金之后就没有中断过有关"金解禁"的讨论。禁止黄金出口让日本银行发行的兑换券（可以兑换黄金）失去自身的效能，这让1897年开始实行的金本位制宣告终结。日本终结金本位制是效仿一战期间英美等国的措施，本身并无可诟病之处。战争期间因特殊情况而停止的黄金出口，随着其他各国相继解禁，日本何时以何种方式恢复金本位制成为备受关注的问题。

一战刚结束不久，美元于1919年宣布恢复金本位制，1924年、1925年和1926年德国马克、英镑和法郎相继恢复金本位制。随着欧美各主要国家相继恢复金本位制，作为战后五大国之一，在东亚具有重要政治经济影响力的日本却迟迟没有动作。虽然政府和舆论都知道恢复金本位制是迟早的事情，但是因为各种原因没有实行。其实在1922~1923年，日本政府已经制定了非常详细的恢复金本位制的计划，但是因为关东大地震而中断。后来，也是因为各种主客观原因而没有实行，直到1927年发生了上一章所述的金融恐慌。

金融恐慌产生的原因，背后反映的是日本国内经济中诸如铃木商店经营困难等问题，表明日本经济的发展是建立在脆弱的企业经营基础之上的。在此背景下贸然恢复金本位制，日本政府认为可能进一步加剧国内经济的大混乱。这让恢复金本位制的日程进一步延后，同时日本政府认为具备延后的条件和能力。

受益于一战期间出口大幅增加，日本获得了大量外汇。依靠这些外汇储备，日本足可应付1920~1928年相对萧条的经济。但是到了1929年，随着外汇见底，恢复金本位制、重建日本经济在当时成为毋庸置疑的常识。因此，对于滨口内阁来说，作为恢复金本位制的重要标志，黄金解禁成为新内阁的政策重点。

反对党政友会考虑到既有政策的连续性，虽然表面上表示反对，但是此时经济界已经基本转向支持恢复金本位制。所以在1929年夏天，是否恢复金本位制并不是重要的政策争论焦点。由于政友会和财界的支持，滨口内阁不费吹灰之力就通过了黄金解禁政策。政友会主政时期因为经济政策不力，拱手将多数议席让给了民政党，这也是民政党能够顺利推行这项政策的重要原因。

滨口内阁的黄金解禁政策是以恢复金本位制为前提条件的。在此基础上为恢复因经济弱化而贬值的日元的平均价格，滨口内阁采取了通货紧缩政策。基于此，民政党内阁以紧缩财政为方针，跟随世界范围内的裁军潮流，积极参与在伦敦举行的海军裁军会议，并签署了放弃行使华盛顿海军条约中替换主力舰的权力等协定。

为恢复金本位制需要从政策上促使日元升值，然而日元升值则可能导致经济衰退、物价降低、失业率升高等经济问题。滨口内阁为应对可能出现的经济衰退，出台了提高产业的国际竞争力等所谓产业合理化政策。此外，考虑到失业率升高等负面影响，滨口内阁亦在社会政策领域做好相关的应对措施。总体而言，是以黄金解禁为契机来提高日本的产业竞争力，并最终重建日本经济。从政策的视角来看，滨口内阁的一系列举措值得肯定。

但是，令日本政府措手不及的是，进入 1930 年后世界经济陷入了大萧条、大衰退。众所周知，1929 年秋纽约股市暴跌，世界经济的领头羊美国进入严重的经济衰退期。

即便如此，日本仍勉力维持了两三个月的金本位制。受到全球经济衰退的影响，维持金本位制的日本面临前所未有的经济压力，国内经济已经到了苦不堪言的地步。美国的经济衰退进一步波及欧洲，进入 1931 年夏季之后，欧洲各地爆发大规模金融恐慌，是年秋天奥地利一家著名银行破产，引发欧洲各国限制货币交易等危机事态。1931 年 9 月 21 日，英国宣布停止金本位制，可以视为此次危机的重要表现。

在英国宣布停止金本位制的三天前，日本发动了九一八事变，战争的脚步越来越近。这是日本陆军（关东军）单方面挑战欧美协调外交的露骨尝试，而欧美协调外交则是币原外交的基石。另一方面，英国宣布停止金本位制意味着以金本位制为基础的国际金融体系解体的开始，也意味着井上大藏大臣金融政策的崩溃。

此后经历了大约三个月的龃龉攻讦，1931 年 12 月 13 日犬养毅内阁诞生，民政党的内外政策得以调整。在这三个月中发生的"购买美元"事件是本章讨论的中心，事件的概要以及经过如表 11 – 1所示。

表 11 – 1 　1931 年井上准之助对金本位制的执念

9 月 21 日	井上把英国停止金本位制表态为"临时性措施"
9 月 25 日	井上在同财界的时局恳谈会中表明不会再次禁止黄金出口
10 月 1 日	日本银行要求民间主力银行终止外汇投机行为,协商解除美元买卖的合同
10 月 5 日	日本银行上调政策利率(2 厘)
10 月 14 日	横滨正金银行限制非贸易关系之外的美元销售 →10 月 25 日美元购买行为趋于稳定
10 月 19 日	政府与财界高层恳谈,要求财界维持金本位制
11 月 4 日	日本银行上调政策利率(2 厘) 横滨正金银行开始外汇管理(停止出售美元) 民政党发表"美元投机即国贼"声明
11 月 10 日	井上与财界高层恳谈,双方发表"拥护金本位制的声明" 政友会发表"立刻停止金本位制"的决议
12 月 10 日	日本银行与横滨正金银行发表12 月 15 日前协商解除购买美元合同的公告
12 月 11 日	若槻内阁总辞职
12 月 13 日	犬养毅内阁成立,停止金本位制

井上准之助对金本位制的执念

1931 年 9 月英国宣布禁止黄金出口（即停止金本位制）后，作为国际金融中心的伦敦证券交易所被迫停业。此时相当一部分人士担忧日本是否会随即停止金本位制。基于这样的悲观预期，进入 9 月以后日本股票市场期货交易和投机性交易的频率增加。日本恢复金本位制本就是在经济形势相对脆弱的状态下进行的，日元亦是在政府操作诱导下实现的升值，投资者担心的是接下来日元大幅贬值带来的损失。基于日元贬值这一消极预期，为避免外汇交易带来损失，投资者认为美元的资产价格稳定，可以有效规避损失，于是开始大规模购买美元。

在此背景下，井上准之助在 9 月 22 日报纸采访时回应道，"英国停止金本位制只是临时措施"，"伦敦股票市场关闭只是为了规避市场的混乱，待欧洲金融市场稳定下来，秩序即可恢复"。

现在看来，1931 年 9 月 21 日是国际金本位制终结的日期，但是对于当时的井上而言并没有预想到这才是崩溃的开始。其实当时大多数人亦没有如此悲观的认知。井上在信心满满地做出"临时措施"的预判后，25 日在同财界人士的时局恳谈会中，他明确表态"日本无意再次禁止黄金出口，当然也不会放弃金本位制"。井上做出上述声明，旨在牵制财界的离心动向，此后类似的发言多次出现。

井上认为："日本国内也有希望效仿英国禁止黄金出口的主

张，或者说有对再次禁止出口黄金的不安，这些都是错误的看法。英国的经济状况确实严峻，但是日本要好于英国，所以没有考虑过停止金本位制的政策。"

同日，日本银行获得井上授意后，遂向日本银行伦敦支店负责人去电，"日本无意停止金本位制"，指令伦敦支店不要做出误判。政府坚持否定"禁止黄金出口"，但是投资者未必给予充分信任，所以汇率市场频繁出现购买美元的现象。购买美元导致大规模的资金流动，政府为遏制这一现象再做出说明，以此来打消投资者的疑惑和不安。

10月1日，日本银行约谈了几家民间大银行，要求各大银行停止助长汇率市场的投机行为，并将预约购买的合同协商解约。但是，民间银行并没有理会日本银行的要求。对此日本银行认为难以筹措购买美元的相应资金，所以提高了利息。这就是10月5日政策利率上调的原委。

10月14日，日本政府采取了更加强硬的措施。横滨正金银行作为当时最大的外汇指定银行，根据日本银行和大藏省的指示，为维持日元汇率的稳定而介入汇率市场，这就是所谓的"统制销售"方式。横滨正金银行声明，除与贸易直接相关的外汇交易，暂停其他美元兑换交易。

这明显暴露了政府强化美元兑换管理的迹象。横滨正金银行在此之前也曾通过美元交易等方式介入外汇市场，但是外汇汇率仍然是由市场决定的。随着购买美元的风潮日上，如果日元贬值过多的话，金本位制势必难以维持，所以横滨正金银行针对美元的买家施行"统制销售"的方式，以此来稳定汇率市场。进入

10 月中下旬以后，横滨正金银行不再无限制销售，而是针对买家的情况判断是"实际需要"还是"投机行为"而采取针对性的销售。所谓的"实际需要"是指，如进口企业需要向海外企业支付货款时，可以申请实际需要的美元外汇。这是正常的交易，银行方面必须认可。但问题是涉嫌投机性交易的行为，这类行为明明不需要支付美元货款，却预先约定购买美元，在交易的当日看着美元汇率的行情而谋取不正当利益。横滨正金银行首先要对上述两种行为做出明确的区分，对于投机行为的交易则不予理会。就这样，日本的外汇交易已经进入事实上的美元数量限制阶段。

这一应对措施确实起到了作用。10 月 25 日前后，实际购买美元的数量和额度趋于缓和。日本政府继在 10 月 19 日同财界人士恳谈并寻求支持金本位制之后，11 月 4 日日本银行进一步提高政策利率（2 厘），横滨正金银行事实上停止了美元买卖业务。

实际上 9～10 月的大多数美元购买仅限于银行的口头支票，并没有立即产生美元交易。特别是针对期货交易，决算月要等到 11 月、12 月甚至更久，横滨正金银行显然不能拿出足额的美元。如果按照合同约定必须支付美元的话，那么就需要动用日本银行的储备金，这意味着中央银行的储备金外流，将动摇金本位制的基础，所以综合各方要素考虑才停止了美元的买卖交易。

日本政府针对相关企业购买美元的要求，本着防止大量抛售、稳定汇率市场的原则，强化了对投机性交易的打击力度。对于投机性交易而言，只要在交易期限日之前确保日元稳定（即不大幅度贬值），投机者就无法获利，同时还需要承担资金成本以及相应的交易手续费，以此来迫使投机者协商解约、放弃交易。为此日本银行 11 月 4 日再次加息，并停止了美元买卖交易。

此外，11 月 4 日当天民政党就购买美元纠纷发表党的官方声明。声明中使用"国贼"这样的措辞来定性购买美元的投机行为。其实对于民政党高层而言，这里的"国贼"似有所指，主要针对的是购买美元的三井银行、三井物产、三菱银行、住友银行等位居财界中心的企业及其经营者。

毫无疑问，政府的上述发言是政策的失败，当然也可以理解为过于迫切地希望推进，并维护其政策而做出的发言。从这一时期开始，无论从政治上还是经济上本已经十分微妙的平衡被打破，一直以来支持金本位制的财界开始背离民政党的政策。

11 月 10 日，井上再次同财界高层恳谈，寄希望于修复双方关系。虽然双方发表了"拥护金本位制的声明"，但是这时的政财关系已经形同陌路。对民政党政策持批判立场的政友会将此视为夺回政权的重要时机，并于同日发表"立刻停止金本位制"的决议。这也是黄金解禁政策在政治层面遭遇批判的开端。

值得注意的是，以恢复金本位制为政治纲领的民政党内阁在 1930 年 2 月的总选举中获得大胜。可以见得黄金解禁政策是受到日本国民普遍支持的政策，所以政友会一直以来都刻意隐藏这一批判性立场。但是到了 1931 年 11 月 10 日，舆论明显倾向于支持停止金本位制，政友会据此判断表明立场或可赢得选举，由此可以看出政治形势发生的变化。

即便如此，井上仍然坚持"维持金本位制是最善之策"，于 12 月 10 日要求日本银行和横滨正金银行对已经签约的美元交易，在 12 月 15 日之前同横滨正金银行协商解约，到期不解约则不予处理后续解约手续。日本政府的意图很明确，考虑到日本银行政策利率的上调，如果在期限日之前不完成解约，遭受损失的必然是购买方。

井上据此认为："如果不横生枝节的话，这一政策会奏效，购买美元的行为或可因遭受到的损失而停止。"井上的主张并无值得诟病之处，但是重大的变故却在第二天就发生了。

12 月 11 日，若槻内阁总辞职。12 月 13 日以犬养毅为首的政友会内阁成立，就任大藏大臣的高桥是清当天宣布停止金本位制。高桥的主张十分明确："汇率的水准应该由市场决定，不存在有效管理的可能性。"

结果，在之后三个月内日元贬值近三成，一年后贬值最严重的时候一度达到近六成，其后多少有点恢复，稳定维持在贬值四成的水准。自 1932 年 1 月至 3 月这短短的三个月，100 日元兑换49 美元这一汇率迅速滑落至 100 日元兑换 37～38 美元，贬值的程度可见一斑。对于投机者而言，购买美元可以获得如此丰厚的收益，1932 年的春天孕育了这样的经济环境。这就是购买美元事件的来龙去脉。

三井存在购买美元的投机行为吗？

三井在当时被认为是这一波购买美元的主体。那么这一说法是否属实？事实上，三井是否参与投机交易直到现在仍然是经济史研究中经常讨论的议题。

三井否认自身存在投机性行为，认为只是在实际需要的限度内购买美元，并无违背政府政策的投机性购买美元的行为。这让我想到了1980年代末泡沫经济时期土地价格暴涨时，一些非银行融资机构也有诸如"没有土地投机行为""只是在必要范围内进行的正常交易"等说辞。诸如此类，在任何时代都是常见的事。

三井方面的当事人池田成彬频繁为三井的行为做如上辩护，池田是当时三井银行的中心人物，后来曾任大藏大臣。三井本家总领的传记《三井八郎右卫门高栋传》在涉及这一段历史时，亦几乎重复池田成彬的上述主张。

> 三井银行当时有1633万美元的期货交易，必须要补齐货物。此外，还有535万美元电力公司的外债利息要偿还。另一方面，三井物产亦声明自身并非投机性交易，而是为筹措贸易资金而进行的正当商业行为。当时，舆论界"购买美元批判"的矛头已经集中到三井，三井也因此戴上了"国贼"的帽子。[1]

根据当时经营状况而产生的必要的购买美元行为，并非以投机为目的而进行的交易，这是三井的一贯主张。但是舆论已经将矛头指向三井，戴上"国贼"的帽子其实也显示三井百口难辩的无奈。无论是三井银行还是三井物产，都主张它们并非利用政府政策失败、日元快速贬值而扩大交易。

---

① 『三井八郎衛門高棟伝』三井文庫、1988。

关于这一问题，三井方面还有一部更加坦率的资料，即《稿本三井物产株式会社 100 年史》。在该书中除了有与《三井八郎右卫门高栋传》类似的主张，还有相当详细的解释。

关于购买美元的问题，无论是攻击的一方还是辩护的一方，其讨论问题的前提是基于伦理对投机性购买进行批判。但是回过头来思考，对于投机性的购买与根据实际需要的购买，二者之间并无明确的分界线。进一步言之，对于企业而言，灵巧地应对变动不居的价格，追求企业利润的企业伦理是驾驭资本主义社会企业活动的重要机制。如能预期日元价格下跌则出售日元，买入具有升值空间的美元，对于企业而言本就是理所当然的行为。遗憾的是，多数人只顾从伦理的角度进行批判，只能说这是那个时代的异常情况。[1]

也就是说，即使存在所谓的投机性交易，作为资本主义社会的营利性企业而言，这本就是正常的现象，而不应该遭到道德上的谴责。确实类似于"国贼批判"这样的说辞，可以让大多数国民满意，却也预示着巨大的风险。不明事理的民众在受到右翼势力及军部的煽动之后，整个日本国内形成了批判财阀的时代氛围。这是那个时代的异常情况，而所有这一切的肇始则是购买美元事件。

跟《稿本三井物产株式会社 100 年史》立场较为接近的是

---

[1]　『稿本三井物産株式会社一○○年史』日本経営史研究所、1978。

山崎广明在论文《"购买美元"与横滨正金银行》中所介绍的内容。① 当然山崎本人或许也持相同的主张，文中引用了时任大藏省国库科科长青木一男的回忆录《圣山随想》。② 青木是井上大藏大臣的左膀右臂，根据他的回忆："当时半数以上的美元由国民城市银行③购买，三井银行所购的份额与住友、三菱等并无太大差异。"三井银行不应为此受到针对性批判，这是青木本人的判断。青木还指出，受到英国停止金本位制的影响，三井在英国的资金遭到冻结，三井银行为填补这一亏空需要购买美元也是不争的事实。

青木接下来的分析比较接近前文所引的内容："一般来说，只要是对我国终将禁止黄金出口保有预期的人们，都会考虑利用这一时机购买美元。这是基于经济常识的考虑，只要是在一国法制允许的交易范围内，所谓的爱国心和道义心就不应该阻止这种行为，更何况这也不是能够阻止的事情。"这是当时大藏省内一位科长的发言，而同时辱骂三井为"国贼"的也是政府官员。

青木和三井物产社史的观点相同，就购买美元事件而言，无论是否有投机嫌疑，对于企业而言都是理所当然的行为，这一主张可谓突破了学术界的既有认知。如池田成彬那样做出所谓"万不得已"的辩解只会招来更多的批判，如果从企业的正当行

① 山崎広明「"ドル買い"と横浜正金銀行」山口和雄・加藤俊彦編『両大戦間の横浜正金銀行』日本経営史研究所、1988。
② 青木一男『聖山随想』日本経済新聞社、1959。
③ 美国国民城市银行（National City Bank），花旗银行的前身。——译者注

为出发，遭受这样的批判未免有失偏颇，这是青木和三井物产方面的主张。当然，我本人并不认为只要是追求利益就可以为所欲为是正确的主张，但是大相径庭的解读本身也说明了这一事件的复杂性。

即使从正当性的角度来讨论这个问题，仍然有容易被忽略的问题点。要言之，面对政府从道义上如此强烈的呼吁，财界为何只是做到了表面上服从呢？如前所述，财界在发表共同声明的同时，针对政府的请求，财界和主要银行表面做出积极协调的姿态，那么为何会做出面从腹诽的事情呢？所以，我认为财界的应对是有问题的。

正如池田所辩解的那样，如果是出于实际需要而购买美元，那么只需要向政府如实说明或者获得政府的谅解即可。三井没有向政府如实说明购买美元的用途，其行为自然会被怀疑为投机性交易。所以，财阀对政府这种模糊暧昧的态度，抛开正当性与否不管，仍然存在其他潜在的问题。关于这一点，《日本银行百年史》一书中有相当犀利的分析。

　　三井银行的期货贸易额是 1633 万美元。该银行在英国停止金本位制的 9 月 21 日，为支付美元期货贸易向横滨正金银行申请预约购买了 1600 万美元外汇，之后的 23 日和 25 日，该银行又以偿还电力公司外债利息为由申请预约购买 535 万美元外汇。如此一来，三井银行在 21 日、23 日和 25 日一共申请预约购买了 2135 万美元的巨额外汇。但是，从美元外汇实际交易的日期来看（三井虽然以期货交易为理由申请，但是实际上并没有实际支付这笔费用），9月只支取了80万美元，10月支取了150万美元，11月也不过580万美元，但是到了12月则达到1325万美元。从实际支取的日期以及预约购买的日期差上就能看出问题的所在，其期货交易所需美元外汇的额度申请中，过半以上是在英国宣布停止金本位制当天预约的，而剩余部分也是在这之后几日以内完成的，这是客观事实。①

也就是说，日本银行认为三井银行的行为非常可疑，很明显是根据国际金融市场的变化而购买美元。该书的出版时间是1983年，作为一本严谨的史料集，日本银行认为已经找到三井投机性购买美元而遭受舆论批判的关键证据。

那么接下来我们就用翔实的数据来尝试还原当时的状况。表11-2所示为当时购买美元行为的购买方构成，投机性购买美元的行为大约始于1930年7月，即在更早的一年前就已经有此迹象了。焦点则集中在1931年9月到12月。在9月之前，外国银行和外国公司占比约57%，国内银行和国内公司占比四成稍多，即六比四的结构。但是进入下一时期后，国内公司频繁涉足汇率市场，可以明显看出国内公司占比增加。正如青木一男所述，外国银行购买美元外汇的虽然占比较多，但是1931年9月以后国内银行和国内公司的占比已经超过了半数。

---

① 『日本銀行百年史』第三巻、日本銀行、1983。

表 11 - 2　1930 ~ 1931 年美元的主要买家分类

单位：千日元，%

	1930 年 7 月 31 日 ~ 1931 年 8 月 31 日		1931 年 9 月 1 日 ~ 1931 年 12 月 31 日	
	金额	比率	金额	比率
外国银行	179610	50.7	176822	44.2
外国公司	22081	6.2	11746	2.9
国内银行	118410	33.4	137100	34.3
国内公司	34269	9.7	64814	16.2
杂　类			9563	2.4
合　计	354370	100.0	400045	100.0

注：1. 本表所示的"购买美元"为横滨正金银行"统制销售"下的购买美元。
2. 银行栏目中包含保险公司和信托公司。
3. 1931 年 9 月以后的合计金额原文为 399995000 日元。
资料来源：山崎広明「"ドル買い"と横浜正金銀行」山口和雄・加藤俊彦編『両大戦間の横浜正金銀行』、363 頁。

　　关于这一问题更明确的比较可参见表 11 - 3。本表也是出自山崎广明先生，笔者在此将其简化处理。表 11 - 3 将购买美元的买家分为两个时间段和一个时间节点。分别为 1930 年 8 月至 1931 年 8 月，1931 年 9 月至 1932 年 3 月，及 1931 年 12 月 10 日未结算的额度。1931 年 12 月 10 日是横滨正金银行要求协商解约的日期，可以看出国民城市银行等外国银行在这一时间节点未结算额度的占比明显下降。反观三井银行和三井物产，截至 1931 年 8 月两家企业的占比较少，住友和三菱则基本持平。但是在 1931 年 9 月至 1932 年 3 月这一时期，三井银行的占比跃升至第二位，三井物产则达到第四位。另外，在 1931 年 12 月 10 日这一时间节点，如果将外国银行除外，三井银行预约汇兑美元的额度是最高的，其次是三井物产。相较于住友和三菱，三井持有如此多的未结算额度，其实另有原因。

表 11 - 3　1930 ~ 1931 年美元的主要买家及其占比

单位：千日元

	1930 年 8 月 ~ 1931 年 8 月	1931 年 9 月 ~ 1932 年 3 月	1931 年 12 月 10 日未结算额度
国民城市银行	142510	130642	22103
	40.2%	32.7%	32.2%
三井银行	12200	46550	11850
	3.4%	11.6%	17.3%
三井物产	11731	30054	10133
	3.3%	7.5%	14.8%
住友银行	33000	31700	3700
	9.3%	7.9%	5.4%
汇丰银行	21450	19200	3500
	6.1%	4.8%	5.1%
三菱银行	34300	19550	2600
	9.7%	4.9%	3.8%
渣打银行	8700	8700	2400
	2.5%	2.2%	3.5%
朝鲜银行	18700	15430	2065
	5.3%	3.9%	3.0%
日瑞贸易		5676	1340
		1.4%	2.0%
瑞典商业银行	6350	6380	1085
	1.8%	1.6%	1.6%
合计(包括其他)	354420	400045	68654

资料来源：山崎広明「“ドル買い”と横浜正金銀行」山口和雄・加藤俊彦编『両大戦間の横浜正金銀行』、363 页。

三井在当年 9 月至 10 月期间共预约了超过 2000 万美元的汇兑业务，但是并没有能够及时兑现这笔美元。据悉，政府担心这笔美元款项兑付给三井的话，可能危及金本位制的维系。两者在10 月末到 11 月初市场停止交易期间定下秘密协定，约定于 1932年 1 月到 3 月期间兑付该笔美元外汇。政府与三井方面秘密交易的背后是希望稳定政府财政。

对于三井而言，这也是一桩幸运的交易。如若不然的话，那么有将近一半的美元汇兑要在 11 月之前完成，三井会为此蒙受巨大损失。但是，交易延后到次年 1 月至 3 月，正好赶上日元暴跌的时期。不过另一件棘手的事情在于，三井该如何隐瞒这笔巨额利益，关于这一点将在最后进行说明。

毫无疑问三井银行和三井物产在购买美元的问题上扮演了重要的角色。但问题在于三井为何要如此行事？前述池田成彬的解释仍然有漏洞。关于这一问题，小仓信次的研究或能对其补充说明。①

表 11 - 4 所示为三井银行资金周转情况。相较于 1930 年下半年，该行 1931 年上半年的平均余额中，有价证券及外汇日元资金在增加，但是内地②贷款额度减少，据此可以认为国内有剩余资金。进入 1931 年下半年，该行受到存款减少的影响，资金总量相应减少，但是 1931 年上半年现金及无息保管金余额 8000多万日元。对于该行来说这是极其异常的状况，贷款收利是它安身立命的根本，本不应该有那么多现金和无息保管金。

---

① 小仓信次『戦前期三井銀行企業取引関係史の研究』泉文堂、1990。
② 内地指除殖民地以外的日本本土。——译者注

表 11-4　三井银行的资金流转与运用情况

单位：千日元

	1931 年上半年平均余额	较前期差额	1931 年下半年平均余额	较前期差额
内地存款	68557	3531	66980	△1578
内地贷款	40295	△3303	40393	98
存贷资金差		6834		△1480
有价证券	23332	2721	22561	△771
外汇日元资金	8786	1998	11850	3063
现金及无息保管金	8623	1632	4496	△4127
有价证券及以下两栏合计		6351		△1835

资料来源：小倉信次『戦前期三井銀行企業取引関係史の研究』、339 頁。

由此推断，1931 年三井银行应当处于"资金剩余"状态。对于该行而言，"资金剩余"至少表明已经陷入资金运用困难的状况。为解决这一问题，三井银行的尝试是将投资转向有价证券和在外资产等领域。

1931 年下半年显著增加的外汇日元资金，其实是用于购买美元或英镑结算债券的资金。当然也有可能是购买了日本发行的外币债券，总之购买美元或英镑结算的债券，属于涉外资金的运用。但是，这些并没有计算到外币账户的栏目中，而是列到外汇日元资金一栏中，其原因在于三井银行并无意长期持有这些债券。三井只是把当前剩余的资金临时性地购买外债，为应对国内随时可能出现的资金需求，短期内随时可以收回的方法其实是灵活运用剩余资金的方式。

这样从 1930 年到 1931 年，处于资金剩余状态的三井银行，基于"面向海外的短期资金运用"的方针采取了上述方法。小仓据此推定，三井银行大概在 1930 年秋季到 1931 年春季，在其内部已经确定了上述方针。根据惯例，这种短期的资金运用，诸如以美元进行投资等，在购买美元之后以三个月为期，那么在到期之前申请汇兑（将美元换汇成日元）即可。同时将实物与期货交易相结合，可以有效降低汇率风险。

这一时期对于三井银行而言稍微复杂的情况在于，其中部分是以英镑进行的投资。三井银行需要首先将日元换成美元，然后再用美元购买英镑，这样就存在汇兑的二重预约问题。即必须先把英镑卖掉购买美元，然后再把美元卖掉购买日元。但是截至当年 9 月，三井完全没有办理前述的预约手续。因为当时的汇兑预约需要扣除 1.5% 的手续费。在金本位制下，如不发生汇率大幅变动，一般不需要预约汇兑来对冲汇率风险。即在汇率变动空间不大的情况下，无须进行远期合约。三井银行正是基于上述考虑在对外投资中省却了上述手续，结果导致出现外汇储备不足的情况。

不幸的是，英国在停止金本位制之后，英镑价格下跌，在与美元的交易中出现外汇差损。受英国停止金本位制的影响，三井银行存在伦敦的价值 8000 万日元的英镑资金被冻结。英镑快速缩水三成，如此一来就直接造成 2400 万日元的外汇损失。为填补这一资金的亏空，三井需要从别的渠道获得足够的资金，在此背景下才有了前述所谓的投机性交易，这是小仓著作的基本结论。

整个过程还原如下。

产生剩余资金→面向海外的短期资金运用、外汇储备不足→英国停止金本位制→产生外汇差损且需要填补储备→投机购买美元、填补差损

从结果来看似乎印证了小仓的推测。就像什么都没有发生过一样，三井银行只支付了 1.5% 的手续费，却在 1931 年末日本停止金本位制后连本带利地赚了回来，而且赚的还是暴利。

但是，由于遭到了舆论猛烈的批判，三井官方也不敢在公开场合宣称"赢利"。图 11-1 所示为三井、住友、三菱三大银行的外汇交易收益率，其中较粗的黑色实线是三井的利益率。1931 年下半年显示为巨额的赤字，结合前后两个时期并同另外两家银行相比较就可以看出三井的异常。住友在 1932 年上半年的收益率大致与三井相当，但是在 1931 年并没有下跌；三菱在 1931 年下半年到 1932 年上半年呈缓慢下跌并逐渐恢复的趋势。只有三井在 1931 年下半年暴跌之后紧接着下一个半年获得超高的收益。

实际涉及金额如下，三井银行外汇交易 1931 年下半年损失 2000 万日元，1932 年上半年获益 3200 万日元。三井在对外宣传时只强调 1931 年下半年的损失，但仅从图 11-1 就可以看出，此后不久三井就在短期内止亏为盈。三井作为股份制公司，在其营业报表中必须明确外汇收益情况，为此就不得不在账目上做文章。主要是以多算入折旧等费用等方式来隐瞒或抵消短期的暴利，然后再一点一点套现出来，有研究指出三井会计账目正常化大概花

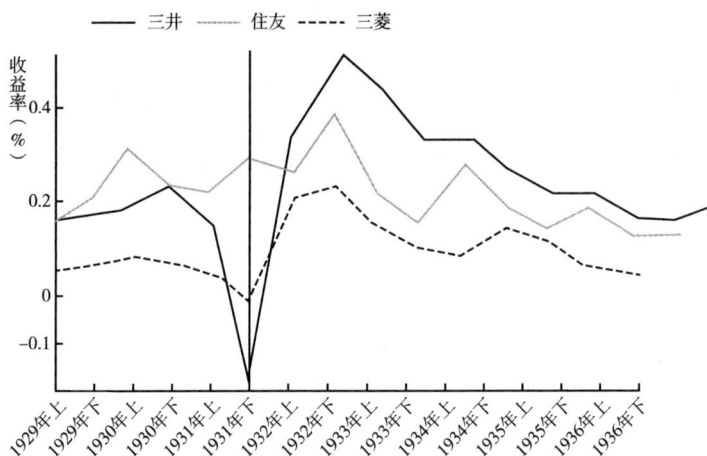

图 11-1　主要银行的外汇交易收益率

说明：年份后面的上、下分别指上半年、下半年。

资料来源：山崎広明「"ドル買い"と横浜正金銀行」山口和雄・加藤
俊彦編『両大戦間の横浜正金銀行』、378 頁。

了五年的时间。

　　一言以蔽之，三井银行的投机性交易肇始于此前外汇经营的
失败。仅从这个视角来看，对于企业而言这是一种应激反应。但
是，我们也必须看到这不是一种健康、正常且可持续的交易方式，
三井为自己失策而"事后补救"所采取的方式断然是不可取的。

　　三井不仅止损，而且还获得巨利。在该事件中，财阀确实没
有遭受经营上的损失，却招致了社会的广泛批判。为了改善这一
"恶劣"形象，财阀缴纳了一笔高昂的学费，这是下一章要重点
探讨的内容。

12 财阀的"转向"：改革的 姿态与内部资本市场

经济学仍是一门发展中的学问，它未必能够根据经济状况的变化给出合适的解决方案。1930 年日本黄金出口解禁以及购买美元事件发生时，世界正在遭受前所未有的金融恐慌。对此，时任大藏大臣的井上准之助根据当时经济学的基本理论，实行了"黄金出口解禁"政策并恢复了金本位制。井上确信此举是有效的对策，但是受到全球性大恐慌的影响，井上的这一期待彻底落空。

另外，如上一章所述，三井因为内部经营问题陷入了购买美元事件的争议。针对三井此类行为，政府通过提高利率等金融打压的方式也不可取。高桥龟吉在《大正昭和财界变动史》（中卷）判断："三井或许也做了斗争到底的准备。"[1] 也就是说，无论如何三井方面都要购买美元，作为财界的巨无霸其有能力筹集购买美元所需的资金。这样，三井的行为与井上的主张背道而行，导致黄金流出，最终金本位制亦难以为继。

最先倒下的是政府，还是三井呢？这是一个相当微妙的时间问题。从结果来看，民政党内部即安达内务大臣最先揭竿而起，

---

① 高橋亀吉『大正昭和財界変動史』中巻、東洋経済新報社、1955。

① 高橋亀吉『大正昭和財界変動史』中巻、東洋経済新報社、1955。

倒向了政友会。这导致 1931 年 12 月 11 日，民政党若槻内阁总辞职，13 日政友会组阁并停止了金本位制。

恐怖事件与批判财阀

金本位制的放弃让投机钻营的三井获得了巨大利益。当时，舆论界对财阀和银行展开了猛烈的批判。前文所述"国贼"批判直接针对的是财界大佬。这时舆论已经一边倒地转向批判财阀。

这里介绍一个广为熟知的事例。1931 年九一八事变发生，标榜"满洲建国"的关东军入侵中国东北并且扶持成立了傀儡政权。关东军明确拒绝三井、三菱、住友等财阀在中国东北进行投资，这是批判财阀的集中体现之一。

这一时期伴随着强烈的反财阀感情的是，经济凋敝背景下的世态炎凉。日本进入以政府要人为暗杀目标的所谓"恐怖时代"。相当数量的政府高官死于暗杀或武装政变。如果追溯到第一次世界大战之后，从原敬首相在东京车站被杀及安田善次郎被暗杀开始，日本陆续发生多起诸如此类的恐怖暗杀事件。1929 年成立的民政党内阁滨口雄幸首相在东京车站遭枪击（1930 年 11 月 14 日），后因伤势过重不得不让位给若槻礼次郎组阁。恐怖暗杀事件在这一时期集中爆发，而且呈现愈演愈烈的态势。

1932 年 2 月 9 日，井上准之助在赴选区进行街头演讲的路上（位于文京区本乡追分的小学校附近）遭到血盟团成员的暗杀。井上的一系列政策导致了经济的萧条，遭到暗杀正是社会对其不满的表现。之后不到一个月的 3 月 5 日，这次是三井合名的理事长团琢磨在三井银行本馆前遭到暗杀。大概在井上遇袭前后，就有风声说血盟团等秘密结社将政府要人和财界大佬视为袭击目标。团琢磨的亲信担忧其安危，曾建议他强化个人安全防范。团琢磨则认为自己没做什么亏心事，完全没有强化警备。同为三井银行的池田成彬却做好了充分的防范，警卫寸步不离。

　　是年 5 月 15 日，发生了著名的"五一五事件"。遭受下级军官袭击的时任首相犬养毅，临终前的遗言"有话好好说"成为著名语录。该事件过后，军部在政治决策领域的发言权逐渐增大，最终于 1936 年 2 月 26 日发生了"二二六兵变"。在该次事件中，为摆脱经济萧条而在财政政策上卓有成效的大藏大臣高桥是清等政府高官被杀害。高桥一生中曾先后八次出任大藏大臣，被戏称为"不倒翁"，遇袭时确实也是在手脚都不得动弹的状态下被杀害的。

　　这是一段关于高桥遇袭的杂谈，据说他是被子弹和刺刀所杀害，在被射杀之后还遭到刺刀的乱砍，死状惨不忍睹。袭击队的队长目睹高桥凌乱的尸体后，随手扔了一件和服外罩盖住尸体，嘴里念念有词"高桥穿上衣服"。冈田启介首相在该事件中幸免于难。昭和天皇在得知多位政府要员惨遭杀害后，差点跌个踉跄，侧近询问其身体有无大碍，昭和天皇答曰："朕失去了重心（臣）。"[1] 以上两桩逸事均出自山川出版社的日本史逸闻。[2]

---

[1]　重心与重臣在日文中发音相同。——译者注

[2]　笠原一男・児玉幸多編『日本史こぼれ話〈近世・近代〉』山川出版社、1993。

逸闻点到为止，我们继续正题。在如此恐怖氛围的笼罩下，政治家和财界人士都不得不提高警惕。据说，"二二六兵变"计划的第二波袭击已经锁定三井的家主和池田成彬，以及岩崎家的岩崎小弥太等财阀代表人物。第二波袭击虽然未遂，但财阀对恐怖氛围仍心有余悸。

财界中遭遇袭击最严重的要数三井财阀了。早在团琢磨遇袭之前，三井就不断遭到民众的抗议以及不同程度的袭击等事件。据1931年11月2日报纸报道，社会民众党首脑层的有志之士一百余人到三井银行本部抗议其购买美元的投机行径。响应社会民众党呼吁的日本民众亦推波助澜，指责财阀只顾自身利益而置民众生活于水火之中。进入12月以后，同样是社会民众党的抗议者集结到三井家的私邸，要求面见生病疗养中的家主三井高栋。高栋本人虽然没有接受面谈，但抗议的代表仍然同滞留三井本家的三井合名的理事们进行了所谓的"团体交涉"。

这一事件是社会舆论反财阀感情的集中体现，财阀在经历了这一系列事件之后被迫"转向"。为缓和来自舆论的"利益优先""唯利是图"等批判，财阀开始从各个方面积极回应社会的诉求。

"转向"的尝试

1932年末到1934年，三井进行了一系列的组织和制度改革。对于三井财阀而言，无论是主动还是被动，都已经到了改革的时期。因为负责三井经营的最高管理者团琢磨遭到了暗杀，由于他本人从没有料想过会被暗杀，所以组织内部也没有做好继承人准备。那么，接下来的体制如何维系，谁来接手，组建什么样的组织更为合适？这些问题都没有明确的共识，与此同时三井还要应对外界的批判。

1933年3月，三井本家的家主三井高栋隐退，三井合名会社的掌门人交给更年轻的三井高公。团琢磨所担任的三井合名理事长一职暂时空缺，直到9月池田成彬就任首席常务理事之后，才确立了池田作为团琢磨继任者的地位。由高公和池田的组合来实施具体的"转向"政策。具体来说，大概有如下四点值得注意。

第一，具有象征性意义的是，1934年2月开始三井同族不再担任三井旗下各大公司的最高领导职务。三井银行、三井物产、三井矿山等企业的社长职位之前一直由三井同族担任，此次三井同族同时辞去社长一职，只有三井合名的董事会成员中保留三井同族人员。三井方面的意图很明显，尽可能模糊三井同族全权掌控的外表。如此一来，专业经理人相继被提升至社长一职。

与此同时，三井物产中主张贯彻"营业利益优先"方针的安川雄之助事实上遭到解职，以此来缓和舆论对财界的批判。关于这一决定其实充满争议，因为购买美元的最高责任人池田成彬不降反升，而安川雄之助却成了替罪羊。

第二，1934年4月成立"三井报恩会"。"三井报恩会"作为财团法人，向各项社会事业提供捐赠。其实在该会成立一年前，三井已经捐赠了300万日元用于失业对策事业。三井希望通过积极的社会贡献重新获得国民和舆论的信任。

例如，当时三井的主要捐赠可见于军人会馆、国际奥林匹克、讲道馆等场馆的建设费。为协调统筹三井的捐赠，三井报恩会应运而生。该会灵活运用三井的赢利资金积极回馈社会。三井报恩会成立时的原始资金是3000万日元，其中1000万日元是三井合名所持存款取现的资金，剩余2000万日元则是三井银行和三井信托的股票以现物出资的形式提供。三井在积极捐赠社会事业的同时，也在宣传自身经营方针的"转向"。

第三，在经济层面比较有突破性的尝试是公开出售股票。虽然社长由专业的经营者担任，但是三井系的企业在三井同族支配下的固有观念仍然很难改变，通过公开发行股票的方式是重要的突破口。例如，三井旗下的企业可以向一般股东公开发行股票，三井合名所持有的股份可以通过市场卖出。其中代表性的公开交易是王子制纸的14万股和北海道炭矿汽船的10万股，三井以2000万日元总价卖出。当然，这两家公司本来就不是三井直系经营的企业。也就是说，三井并没有公开出售其财阀直系企业的股票。这里出售股票所获得的2000万日元与前述2000万日元股票的现物出资或有密切关系。资产捐赠导致三井合名的财务平衡被打破，只能通过出售股票的形式来填补这笔支出。三井之所以公开出售股票，背后或许也有这层原因，总之此举让三井以外的人购买其股票成为可能。当然，本次公开出售的股票都是三井旁系的企业，社会也有质疑其"装腔作势"的声音，关于该问题我们下文再详细讨论。

第四，1936年4月，三井导入董事会成员退休制。将这一点纳入"转向"政策未必合适。池田成彬制定了该制度，同时也根据该制度的规定按期退休。在此前，无论是三井的同族还是专业的经营者长期霸占最高管理职务，池田此举遏制住了这一倾向。对于三井而言，这是一项非常重要的改革。但是否能够作为财阀"转向"的一环，评价起来未免牵强。

为回应来自社会的各种批判，三井财阀的上述"转向"至少是在表明，"我们并不是一味追求利益优先""利益的一部分回报给社会""三井系的企业并非是三井同族的企业"等。

三菱和住友采取了类似的操作模式，基于各种目的向社会事业提供捐赠。三菱在1934年将三菱造船所改组为三菱重工时公开发行了大量股票。三菱重工股票公开销售时三菱所取得的销售溢价675万日元中有600万日元捐赠给成蹊学园、农村救护事业、东京帝国大学航空研究所。此外，由三菱商事制定的三菱"三纲领"也发生在这一时期。"三纲领"中的"处事光明"，其实也是吸取"不择手段的交易"所带来的教训。三菱商事在遭遇昭和恐慌之后，不得不将国内市场作为重点。商事会长三宅川百太郎在社内批文中指示，在扩大国内市场的背景下，应该注意所交易商品的领域，尤其忌讳"以压迫小商人来牟利"等招致舆论批判的行为。可以看出，三菱也十分重视风评。

住友的动向大致如下。1935年，住友制钢所和住友伸铜钢管合并成立住友金属工业，并大规模公开发售企业的股票，一改住友系企业排他性支配的形象。总的来说，在财阀批判的背景下，大财阀通过公开募股等方式尽可能缓和舆论的攻击。淡化财阀的私人性或者说家族属性是这一时期财阀"转向"的重要特征。

公开募股的历史意义

在当时浓厚的反财阀舆论氛围下，公开募股的意义仅限于缓和舆论的批判吗？特别是财阀为了"转向"而积极变更财阀的组织形式，尽可能淡化其家族性等尝试，对这些问题都需要做出更缜密的思考和分析。

这里先抛出我的结论。财阀的上述"转向"或许只是一种姿态，其实质并没有太大的变化。特别是三井，公开募股的企业是旁系企业，直系的三井物产、三井矿山的股票并没有公开。当然，三井银行早在1919年就已经公开募股，但是物产和矿山则不然。也就是说，三井同族并没有意愿放弃对主体企业的支配地位。从公开募股的份额来看，虽然有不小的变化，但是对于三井合名和三井同族而言，只是其周边部分发生的变化。

至于中心部分的变化，各直系公司的社长一职由同族过渡到专业经营者，这也是名义上的变化。本书前文已经提到，早在明治末期三井就已经把各直系公司的经营实权委托给专业经营者。无论三井高栋担任银行行长还是物产社长，实际负责经营的还是池田成彬（银行）和安川雄之助（物产）。当然，如前所述，安川在这一时期被迫辞职。所以，同族出身的社长一直是象征性存在，从经营本身来看并无太大变化。但是，三井此举起到了很好的宣传效果，作为一种姿态仍然非常重要。

至于其他财阀，同族卸任高管职位的现象并不多见，主要以公开募股为主。公开募股意味着股息分红可惠及一般股民，这也是财阀寻求财富外溢的一种方式。三菱的岩崎小弥太尤其重视这一点。1920 年三菱矿业公开募股时，他曾指出三菱应该"因应社会的进步和事业的发展，将资本的一部分向社会公开发售，尽可能创造让全体从业者都能广泛参与的企业环境"。基于这一原则，小弥太在进入 1930 年后决定公开募集三菱重工的股票，并将三菱合资会社改组为股份制公司。如此一来，三菱总部的股票也得以公开募集。小弥太认为，三菱的事业不应该是岩崎家的私有物，三菱的发展应该建立在社会广泛参与的基础上。①

公开募股会减少财阀本部的持股比例，进而会有削弱其影响力和存在感的风险。那么在该问题上财阀是如何应对的呢？三井公开出售的股票为旁系公司的股票，难以评判其对财阀本部产生的影响。本处选择三菱和住友作为分析的对象进行考察。表 12-1 所示为从大正后半期到战败期间两家财阀公开募股及对外部资金的依存情况。

表 12-1　公开募股及对外部资金的依存

依存率(%)	1921~1929 年	1930~1936 年	1937~1941 年	1942~1945 年
住友 关联企业	29.6	30.7	52.3	50.4
三菱 分系企业	56.1	49.6	55.5	65.4
本社	0.0	0.0	91.2	90.1
小计	36.7	49.6	73.5	79.1
募股额(百万日元)	1921~1929 年	1930~1936 年	1937~1941 年	1942~1945 年
住友	37.9	76.7	229.5	387.2
三菱	115.9	72.0	344.1	505.4

资料来源：武田晴人『日本経済の発展と財閥本社：持株会社と内部資本市場』、187 頁。

---

① 武田晴人『岩崎小禰太：三菱のDNAを創り上げた四代目』PHP 研究所、2020。

表 12 - 1 所示的四个时期具体是指住友系关联企业及三菱系分系企业的资本增加额度，其中的比例是指利用外部资金与同族或财阀本部投资资金的比例。

以 1921～1929 年为例，住友（关联企业）在此期间的增资额为 3790 万日元，其中 29.6% 是依赖于财阀之外的资金。三菱（分系企业）在此期间的增资额为 1.159 亿日元，其中 56.1% 是外部资金。

这里值得关注的问题是，财阀发生"转向"时的 1932～1934 年情况如何？这时财阀已经开始大规模公开募股。比较此前和此后两段时期，虽然两个时间段长短不一，住友的增资额从 3800 万日元增加至 7700 万日元，增加了一倍多。三菱的话，考虑到前后两个时期长短有差异，增资额与上一段时期基本持平。

如果公开募股能够产生实际效果的话，那么应该会体现在这一时期增资额的增长上。但是，通过表 12 - 1 的统计可以发现，住友在 1930～1936 年对外部资金的依存率相较于 1921～1929 年只增加了 1.1 个百分点，可以忽略不计。倒是在 1937～1941 年这一比例达到 52.3%。也就是说，住友从全面侵华战争开始到太平洋战争爆发期间对外部资金的依存增加，但是在财阀发生"转向"的 1930 年代前半期没有显著变化。

三菱的情况则更加例外。1930～1936 年是对外部资金依存度较低的时期。第二次世界大战期间三分之二以上是依赖外部资金，但是 1930 年代前半期低于 50%，这一比例甚至不如 1920 年代。所谓公开募股，其实际效果也不过如此。

1932～1935 年，在大藏大臣高桥是清实施通胀政策的背景下，日本经济得到恢复。受到伪满洲国建设、日元贬值导致进口疲软等影响，日本国内的重工业率先挣脱萧条实现发展。即使如此，高桥仍然维持低利率政策，但是较高的股价填补了低利率空间。相较于美国股票市场的大起大落，日本的股票市场行情在1932~1933年稳中有升。在股市行情整体上升的背景下，三井系的北海道炭矿汽船、王子制纸等企业仅就资产额而言一度能够位列前十。诸如此类企业一旦公开募股，势必给社会带来较高的关注度。另外，三菱重工和住友金属工业的重组也助长了这一波股市上涨。所以，财阀公开募股获得超高的关注度。但是对于财阀内部而言，通过公开募股获得外部资金并不意味着财阀规模的扩张。同时，公开募股并没有在短时期内对财阀产生影响，而是以渐进的方式重新塑造日本经济的格局。

公开募股为何值得关注？一个重要原因在于财阀的定义——排他性支配。如果公开募股，那么子公司的分红势必有一部分无法回流到母公司。在出资额100%由财阀总部负担的时期，财阀总部可以汇集所有分红，同时也承担向子公司增资的义务。如果财阀本部没有充分的资金，则需要借贷外部资金。即使是由总部出面借贷这笔资金并投资到子公司，对于子公司而言这不是增资，而是借款。那么，另一种筹集资金的方式就是公开募股，外部投资者以购买股票的方式提供资金，同族（本部）无须回应子公司有关增资的要求。如表12-1所示，1930~1936年的三菱，其子公司（分系企业）的增资额中有一半依赖外部资金。这意味着财阀"排他性支配"这一特征的消融。财阀固然希望能够将赢利集结到本部，并维持强有力的管控体系，但现实的情况是无法提供相应的资金支持子公司。当然，需要再次强调的是，这一现象始自第一次世界大战期间，并非"转向"时期所特有。

导致上述变化的一个合理解释在于，财阀的本部或同族已经无法提供所有子公司事业发展所需资金，只能依赖外部融资这一方式。本部或同族并无能够创造资金的机构，其资金主要来自子公司上缴的利润分红。如果子公司的投资计划超出所分配红利的数额，那么其在向本部或同族申请资金时必然会遇到困难。

这种情况至少表明，部分子公司的发展势头已经超过本部所能提供资金的能力，该现象自20世纪的第一个十年就已经出现。为此，财阀也在各个方面求变求新，仔细调查三井合名的股票交易情况可以发现上述动向。

表12-2为三井合名的股票交易情况，所涉及的日期仅限于1933年上半年开始到1940年上半年。这一时期三井合名卖掉了账面价值约1亿日元的股票。与此同时，买入了约1.4亿日元的股票。据此可以推断，三井合名卖掉的1亿日元股票其实际价值应该超过账面价值，其中卖出所产生的收益（让渡收益）也被作为增资（股票买入）使用。具体说来，三井内部最需要增资的子公司是三井矿山和三井物产。三井矿山将一部分股票从总部转移（卖出）到同族，但仍然需要约5000万日元的买入金。三井物产大概需要2200万日元。三井合名为确保这两家直系公司的增资额，在向东神仓库、北海道炭矿汽船、电气化学、钟渊纺织、大日本赛璐珞、日本制钢所等旁系企业提供增资的同时，还出售了这些企业的股票，获得了相当额度的收益。

表 12-2　三井合名的股票交易及收益情况（1933 年上半年至 1940 年上半年）

单位：千日元

	股票买入	股票卖出	差额	卖出收益
合计	143774	105421	39253	47797
包含卖出到同族的部分*		169655	−25881	74779
三井矿山	80155	27582	52573	18292
三井物产	22432	0	22432	
三井银行	0	408	−408	153
包含卖出到同族的部分		65134	−65134	26982
东神仓库	0	9990	−9990	0
芝浦制作所	13046	8469	4577	4503
王子制纸	5434	24083	−18649	10480
北海道炭矿汽船	3641	8945	−5304	3392
电气化学	240	1312	−1072	536
钟渊纺织·钟渊实业	2688	7874	−5186	5489
大日本赛璐珞	1493	2500	−1007	1426
日本制钢所	811	3941	−3130	1597
其他	13834	9417	4417	1929

注：* 除三井银行外，还包含三井生命、三井信托中卖出到同族的部分。
资料来源：武田晴人『日本経済の発展と財閥本社：持株会社と内部資本市場』、256 頁。

　　为确保向三井矿山、三井物产等排他性支配的直系子公司提供必要的增资额，三井合名卖出自身所持直系以外公司的股票。这一方法自一战期间开始实施，事实上取得了很不错的效果。当时，股票估值收益不做损益计算，三井合名是以所持股票的账面价值来计算资产额。但事实上，股票的估价远在账面价值之上，这样股票售出时所获得的让渡收益就可以转为增资额。当然，如此行事也存在陷阱。因为卖出股票意味着持股比例的下降。三井的子公司中，尤以芝浦制作所（东芝）为潜力股。由于发展的速度过快，三井的增资已经满足不了芝浦制作所的实际需要，这导致三井的持股比例持续下降，三井对芝浦制作所的影响力也随之减弱。此外，对王子制纸、钟渊纺织等旁系企业，三井都面临影响力削弱的困境。也就是说，将持股利益换回现金收益之后，伴随持股比例下降的是影响力、支配力的下降。财阀在追求多元化经营、扩大事业规模的同时，也面临对边缘领域支配力减弱的悖论。

当然，三井在制定对策方面也是煞费苦心。三井所售股票的买家不是其他，而是资金比较富足的三井生命、三井物产等三井系金融企业。将所持股票"卖给"子公司在获得收益的同时还能确保"肥水不流外人田"。例如，三井合名将所持股价50元的股票卖给三井生命，既然都是三井系的企业，以原价售出亦非不可，当然也可以100元的市价出售，而实际上三井合名确实是以接近100元的市价卖给三井生命的。

表12-3为实际发生的三井股票交易案例，具体为三井合名将所持电气化学、北海道炭矿汽船、王子制纸、芝浦制作所等旁系企业的股票出售给三井物产的情况。交易方法和流程大致如下。

例如，三井合名所持电气化学股票的账面价值合计为76.8万日元，当时其销售价格为131万日元，这意味着三井合名将大约77万日元的股票以131万日元的价格卖给三井物产，三井合名从中获得54万日元的净收益。与此类似，北海道炭矿汽船、

表 12 - 3　三井合名所持股票与三井物产的交易（1936 年下半年）

企业		股票份额	销售价格（千日元）	账面价值（千日元）	净收益（千日元）	预估售出价格（日元）	1936 年市场均价（日元）
电气化学	旧股	6000				64.3	58.1
	新股	19200	1312	768	544	48.3	41.4
北海道炭矿汽船		50000	4000	2400	1600	80.0	76.2
王子制纸	旧股	10000					99.1
	新股	30000	2050	975	1075	117.1	24.8
芝浦制作所		20000	1900	819	1081	95.0	104.9

资料来源：武田晴人『日本経済の発展と財閥本社：持株会社と内部資本市場』，257 頁。

王子制纸、芝浦制作所的股票分别获得 160 万日元、108 万日元、108 万日元的净收益。所谓公开募股，通常理解是向资本市场（股票市场）开放股票交易，但是对于三井财阀而言还有另一个内部交易渠道，既三井合名参照市价将所持股票在三井内部进行交易。

本书上一章中提到，在三井的内部资本市场中，三井合名会社为可支配资金会将所持股票出售给生命保险或其他子公司。这种内部交易参考外部市场中的股价变动而运行，在交易的过程中三井合名所累积的秘密储备金通过股票交易产生现金流。当然，如果股票市价较低导致估值损失等风险则让买入股票的子公司承担。这样三井合名的资金来源除了子公司的分红外，还可以通过上述方式获得。另外，由于生命保险等金融机构本身可以通过生命保险费、资金信托、一般保险费等方式获得资金，从而成为连接外部金融市场与内部资本市场的窗口，这些金融机构扮演了为财阀注入资金的角色。

这一时期尚没有交叉持股这一说法，但从结果来看，如三井生命持有三井银行股票等，已经比较接近集团内企业交叉持股的形式。过去的股票一直集中在财阀总部手中，但发展到1930年代，子公司分到一杯羹之后反而促进了财阀资金来源的多样化。这是财阀"转向"带来的结果，当然也是经济发展过程中财阀同族资金无法满足企业发展的真实反映。如果不突破"排他性支配"这一原理，财阀的发展势必会受到影响。而给予这项改革以契机的，恰恰是批判财阀所带来的"转向"。

当然，从实际情况来看，如表12－1所示，财阀导入大规模外部资金并非始于这一时期，而是始于一战期间。但是，批判财阀给了专业经理人说服同族放宽"排他性支配"原则的最佳理由。从这个角度来看，可以说财阀紧跟形势而灵活做出了上述变化。

13　战时体制与财阀：
　　出资者利益优先的结构

在全面侵华战争爆发前，日本企业享受低法人税率等待遇优厚的税收制度。与此同时，分红所得的个人所得税率也比较低。日本虽然在 1905 年就制定了被认为是当今继承税前身的遗产税，但是总的来说相较于今天，当时日本的税率整体偏低。

随着战事的扩大，各项经济资源不得不向战争相关领域倾斜。对于国家而言，最重要的是确保资金。筹集资金的方法中有一项是"日本银行认购国债"，这也是时任大藏大臣高桥是清主张的政策之一。由于该政策导致乱发国债等问题，二战后制定的"财政法"中原则上不允许日本银行认购国债。但是在当时，由于日本银行可以直接认购并包销政府发行的国债，政府可以不用担心国债在市场上的销量。

这一方式在当时之所以行得通，主要原因在于金本位制停止后日元纸币发行限制大幅放松。在金本位制下，日本银行的纸币发行量被限制在黄金储备的基准范围内。1932 年以后日本银行的纸币发行权限开始有了更大的空间。为了认购国债，日本银行亦超额印发纸币。当然，无限制的增发必然会导致通胀，高桥主政时日本银行在认购后会将国债出售到市场，并以此方式收回日元纸币。但是，"二二六事件"发生后，这一机制的运营就开始遇到障碍了。

国债是国家借款，必须要考虑还款事宜。对于国家而言，要偿还国债，除了收税之外别无他法。当时日本政府的财源亦来自税收，为推进战争计划、弥补财政赤字，增税势在必行。为此，日本政府1940年制订了所谓"大增税计划"。该项增税计划颁布之前，日本政府已经出台了战争增税方案，各种法人及个人所得税加总导致高收入者的近六成收入要作为税款缴纳给政府，继承税的税率提高近一倍。这些政策给大资本家带来了相当严重的负面影响。这一政策背景是考察战时财阀变化的重要前提。

在进入这一问题的讨论之前，有必要先考察战时经济与财阀的关系，即有实力的大财阀在战争进行过程中发挥的作用。

战时经济与统制

1938年日本政府颁布《国家总动员法》，根据该法律的规定，所有经济资源都服务于战争这一目标。《国家总动员法》是无限制委任立法，政府为贯彻战时经济可依政令采取一切必要措施，也就是说只要是合乎战争目的，政府可以不需要议会的承认而施行任何政策。例如，企业的投资、分红等都纳入战时统制的管辖范畴。公定价格制度也被纳入总动员法体系下。而且，这种统制只要触动发条，经济统制的网就会越拉越大。

对战时财阀的企业行为限制最大的一条是新投资方向的规

定。根据生产力扩充计划的需要，政府规定企业向重点产业投资。如果投资的方向非重点产业，企业无法获得充分的资金。不仅如此，由于物资也被纳入统制的范畴，即使向非重点产业投资，政府方面也会以非急需产业为理由，延缓原材料的发放及减少劳动人员的配备。

如此一来，企业的投资和发展计划严重受到外部因素的影响。在此背景下，财阀只能够配合战时体制的动向来实现增加企业利益的目标。

先说本章的结论，财阀根据战时体制的变化通过灵活应对的方式实现了事业的扩张。财阀在日本推进战时经济的过程中扮演了重要的角色，特别是在战时重化学工业领域发挥了关键作用。

重化学工业化的主力

表 13-1 为三大财阀在战时各产业领域中的占比。本表提取重工业和以银行、保险为中心的金融业，具体呈现了三大财阀在各领域缴纳资本金的比例情况。

例如，三井下属企业在 1937 年投向金融业的认缴资本金占比为 4.3%，三菱由于东京海上等保险部门占比达到 7.7%，住友占比 3.6%，三大财阀合计占比 15.6%。从缴纳资本金份额来看，三大财阀在金融部门的投资约占全国的 1/6。

将 1937 年的数据与 1941 年（太平洋战争爆发）、1945 年（战败后财阀遭到解体的时间）相比可以看出具体的变化。在金

表 13 − 1 三大财阀在战时经济中的位置

单位：%

	年份	三井	三菱	住友	合计
金融业	1937	4.3	7.7	3.6	15.6
	1941	4.5	8.0	3.7	16.2
	1945	13.9	13.1	5.4	32.4
重工业	1937	5.9	5.2	3.4	14.5
	1941	7.8	6.0	3.6	17.4
	1945	12.7	10.7	8.3	31.7
合计(仅限下属)	1937	3.5	3.3	2.1	9.0
	1941	4.4	4.3	2.1	10.8
	1945	9.5	8.4	5.2	23.1
合计(包含总部)	1937	5.2	3.9	3.0	12.1
	1941	5.3	5.0	(2.6)	(12.9)
	1945	10.7	9.1	5.8	25.6

资料来源：武田晴人『日本経済の発展と財閥本社：持株会社と内部資本市場』、182 頁。

融领域，三井和三菱在进入 1941 年之后扩张的势头迅猛。三井银行与第一国立银行合并组成帝国银行，三菱则是通过合并第百银行实现了在金融领域的扩张。受到战时金融统制的影响，三大财阀的占比从 1937 年和 1941 年的 15.6%、16.2%，发展到 1945 年战败时的 32.4%。也就是说，仅三大财阀在金融业的投资就占到了全国金融业的近 1/3。

重工业本是财阀投资相对迟滞的领域（1937 年占比14.5%），在战争期间得到快速发展。特别是太平洋战争爆发之后，财阀在重工业的投资迅速增加，1945 年战败时三井占比12.7%，三菱占比 10.7%，住友占比 8.3%，三大财阀合计占比超过所有重工业部门的三成。

与此同时，三大财阀下属企业全体的合计占比也有很大提高。如表 13-1 所示，合计（仅限下属）部分从 1937 年的 9% 上升到 1945 年的 23.1%；包含总部的合计则从 12.1% 上升到 25.6%。

金融业和重工业是三大财阀扩张幅度较大的领域，到 1945 年时占比已经超过 30%，而三大财阀的认缴资本总额占比亦达到 25% 以上。三大财阀在战时经济中的压倒性地位可见一斑。在此之前财阀在各个产业领域中都有数量不等的子公司，受到战时体制的影响，其产业结构开始向重化学工业特别是机械工业（飞机、武器生产等）倾斜。在制造业中的重化学工业领域，三大财阀在 1930 年的占比为 25% 左右，1937 年略超过 30%，到了战争结束时则超过 60%。也就是说，重化学工业是所有产业部门领域中财阀扩张最快的。为适应战时经济体制下政府对产业结构变化的要求，三大财阀以非常弹性灵活的对策开始将重点投资领域向重化学工业部门转移。

表 13-2 为三大财阀向重化学工业领域的投资情况。左栏所示分别为 1937 年、1941 年、1945 年三大财阀在各产业领域中缴纳资本额占比情况，右栏则为认缴资本增加额的贡献率（占比）。这里的贡献率是指，在特定期间，各产业领域缴纳资本增加额在总增加额的占比情况。

以三井的重化学工业领域为例，1937～1941 年三井新增投资额的 55.9% 投向了重化学工业领域。如果将矿业部门纳入重化学工业领域的话，那么三井在这一时期对该领域的投资占比接

表 13-2　三大财阀对重化学工业领域的投资

单位：%

年份		各产业领域占比			增加额贡献率	
		1937	1941	1945	1937~1941	1941~1946
三井	金　　　融	11.5	5.4	5.5	—	5.6
	矿　　　业	26.5	25.1	15.8	23.8	8.9
	重 化 学 工 业	22.1	39.9	56.6	55.9	68.9
	轻　工　业	13.8	12.2	8.9	10.7	6.6
	其　　　他	26.0	17.4	13.2	9.8	10.1
三菱	金　　　融	22.1	10.6	6.2	—	2.4
	矿　　　业	18.6	20.3	10.6	21.9	2.3
	重 化 学 工 业	27.1	36.5	57.5	45.2	75.4
	轻　工　业	11.5	7.7	2.5	4.1	△1.9
	其　　　他	20.7	24.9	23.3	28.8	21.9
住友	金　　　融	15.1	10.3	4.1	—	0.7
	矿　　　业	8.8	6.1	7.2	—	7.8
	重 化 学 工 业	35.2	65.5	80.5	131.4	88.7
	轻　工　业	9.4	1.4	1.8	△16.0	2.0
	其　　　他	31.4	16.7	6.4	△15.3	0.8

资料来源：武田晴人『日本経済の発展と財閥本社：持株会社と内部資本市場』、185 頁。

近 80%。而三井 1941~1946 年仅重化学工业领域的投资就占近70%。这也意味着，这一时期迅速扩张的三井，其扩张的重点领域集中在重工业部门。

三菱的投资也呈上述特征。太平洋战争期间，三菱新增投资的 3/4 集中在重化学工业领域。

住友的投资更加夸张。住友 1937~1941 年在重化学工业领域投资增加额的贡献率为 131.4%，这是住友从轻工业领域撤资后投向重工业领域的结果。以上反映了三大财阀在战时经济体制下因应经营环境的变化并灵活调整投资的方向。三大财阀虽然在重工业领域急速提高占有率，但是其固有的"排他性支配"体制在这一时期开始出现明显松动。

随着战时经济体制的快速扩大，物资供应越来越跟不上战时体制的步伐。但是，至少到1943年秋，战争相关物资的生产仍然呈增长趋势。值得注意的是，这一时期中小工业或转型、或废弃，还有诸如棉麻工业被迫生产碎棉而服务战时军需，经济整体增长的势头放缓。即便如此，服务于战争全局的重点领域直到1943年其生产规模仍在扩大。

那么，这是否意味着财阀能够保证充足的资金来大量投向重化学工业呢？事实并非如此。关于这一点可以参见表13-3，该表所示为战时三大财阀对各领域子公司持股比例的变化情况。例如，三井的矿业在1937年显示为73.9%，这表示在1937年三井同族、三井合名会社、三井相关子公司的持股比例。三井在三大财阀中的持股比例算是高的，但是从1937年到1945年持股比例呈缓慢下降的趋势。

三菱的情况稍微特殊，由于新吸收了重化学工业领域的子公司，1941年整体持股比例一度上升，但是到1945年时又降至40%左右。三井的整体持股比例到1945年战败时勉强维持在50%左右，三菱和住友却只有40%左右。

也就是说，曾经奉"排他性支配"为圭臬的财阀，通过公开募股等方式，持股比例逐渐下降。这一下降趋势在战时经济体制下仍然持续。如果财阀本部拥有雄厚的资金实力，恐怕不会以

表 13 – 3 战时三大财阀对各领域子公司的持股比例

单位：%

年份		持股比例			增加额中财阀支付比例	
		1937	1941	1945	1937 ~ 1941	1941 ~ 1945
三井	矿　业	73.9	87.4	56.6	100.8	− 8.0
	金　属	73.5	36.8	35.6	27.3	35.2
	机　械	44.3	35.9	55.6	34.6	65.4
	化　学	29.0	17.4	42.4	8.8	54.7
	小　计	57.8	51.1	50.0	47.6	49.3
三菱	矿　业	50.9	46.2	49.0	42.5	72.1
	金　属	43.0	34.2	60.9	30.8	69.4
	机　械	54.5	52.1	33.1	50.8	27.1
	化　学	6.9	82.7	51.0	128.2	16.9
	小　计	45.9	53.2	40.0	57.8	32.4
住友	矿　业	83.5	86.4	86.2		86.1
	金　属	50.4	52.4	39.0	53.3	32.2
	机　械	39.2	43.2	33.2	45.2	30.9
	化　学	27.3	14.1	31.5	− 7.3	41.6
	小　计	49.1	46.6	39.2	44.8	36.4
总计	三　井	62.9	45.5	49.8	27.9	52.6
	三　井*	62.9	54.5	49.8	67.8	45.5
	三　菱	46.5	47.5	30.7	48.5	17.5
	住　友	46.5	50.7	41.5	59.3	36.7
	合　计	52.9	47.3	41.0	41.1	36.8

注：＊表示包括三井物产在内。

原文出处没有表示持股比例的部分内容，本表使用其他资料进行补充。1937年和1941年的部分数据中，由于本表所用部分资料将财阀的持股比例记为0，综合统计或导致1937年和1941年财阀持股比例比实际略低。

资料来源：武田晴人『日本経済の発展と財閥本社：持株会社と内部資本市場』，188頁。

削弱自身影响力的方式来减少持股比例。这表明，财阀同族或本部所持有的资金已经无法满足旗下子公司对增资的需求。最后只能以公开募股的方式寻求外部资金的支持，这导致的结果就是持股比例的下降。

财阀积蓄财富的能力并没有追赶上战时经济扩张的速度。但是财阀在降低持股比例的同时，强化了对产业的影响力。这就是表 13 - 1 所示三大财阀在金融业从最初占比 15.6% 上升至 32.4% 所蕴含的重要意义。

这里面还有更多的内容值得挖掘。表 13 - 3 中财阀本部的出资份额可以视为财阀内部的资金。在财阀形成的初期阶段，同族百分之百出资是其重要特征之一。当进入战时状态后，财阀的这一特征开始弱化。表 13 - 4 就是对该问题所做的详细考察。如果控股公司被完全置于同族的支配下，那么肯定要依赖同族出资，原则上不会产生长期借款。因为长期借款的增加意味着借款方（主要是银行）介入企业经营的可能性增加。另外，如果投资依靠长期借款，利息支付等也会影响控股公司的收益率，所以长期借款并非财阀所期望的资本结构。三井合名在 1930 年代初期，短期借款姑且不管，至少没有长期借款。但是这一状态未能持续。表 13 - 4 为战败后财阀解体指令颁布之后各大控股公司的资本构成情况（1946 年秋冬季）。三井本部的长期借款占资产总额的 38.7%，三菱和住友分别为 38.6%、47.1%。在战争结束的时间节点，三大财阀资产总额中的近四成依赖于长期借款。

这表明在战争期间，财阀为维持总部的支配能力，开始以长期借款的形式允许外部资金注入本部。而且通过表 13 - 4 可以看出，外部资金所占据的比重已经相当可观了。

表 13 – 4　财阀控股公司的资本构成

单位：百万日元，%

	调查时期	资产总额 （A）	自有资本 （B）	长期借款 （C）	B/A	C/A
三井本部	1946 年 9 月	1162	625	450	53.8	38.7
三菱本部	1946 年 9 月	609	361	235	59.3	38.6
住友本部	1946 年 9 月	524	244	（247）	46.6	47.1
安田保善	1946 年 9 月	163	37	119	22.7	73.0
富士产业	1946 年 8 月	2211	69	1956	3.1	88.5
日产	1946 年 12 月	16.9	6.7	5.3	39.6	31.4
浅野本部	1946 年 12 月	92.4	15.0	77.4	16.2	83.8
涩泽同族	1946 年 12 月	16.2	9.0	7.0	55.6	43.2
大仓矿业	1946 年 12 月	176.6	57.8	72.4	32.7	41.0
野村合名	1946 年 12 月	74.1	18.8	50.6	25.4	68.3

资料来源：武田晴人『日本経済の発展と財閥本社：持株会社と内部資本市場』、195 頁。

如此一来，财阀的借款依存度不仅仅在子公司，本部也开始呈增长势头。"排他性支配"这一特征开始松动，财阀也变得不再那么像"财阀"。三菱在将本部股份公司化后，亦开始了公开募股的进程。经过这番改革，三菱越来越接近由多数股东共同出资的经营形态。

那么这一时期的财阀是否意味着已经完全脱离了同族的支配，成为具有公共性质的股份制企业了吗？事实上并非如此。关于理由我们接下来还要详细讨论，这里先分析促成财阀发生上述变化的另一个背景。

进入 1940 年代以后，政府在采取资金统制政策之后可以对企业投资的领域进行"指导"。政府"行政指导"给很多领域带来不必要的麻烦。例如，当三菱本部计划向三菱重工增资时，政府横插一脚，认为"专门从本部走程序将资金转到三菱重工，从战时经济的视角来看效率低下，如果三菱重工需要增资，政府会统筹处理，三菱本部不需要出资"。也就是说，战争期间日本政府的所作所为加速了财阀体系的崩坏。

武器制造是战时经济的头等大事。极端地说，军事产业是不计成本的产业，只要能够尽快制造出想要的东西即可。但问题是如何最大限度地集结人力、物力、资源用于武器制造。从这个角度来说，资金只是加速军需品生产的辅助性手段。所以，在战争临近结束时，日本政府近乎疯狂地出台"命令融资制度"，如果军方对工厂下达飞机增产命令，银行应主动提供无须审查的资金贷款。

特别是自1943年末开始，日本政府制定并通过"指定金融机构制度"。该制度通过指定银行与企业之间对口关系让资金迅速到位。例如，指定贷款给三井矿山的银行是帝国银行，三菱重工是三菱银行，日产是日本兴业银行等。这和战后日本的主银行制度（main bank system）性质完全不同。

主银行制度是在允许一到两个主要受理银行的同时，其他银行也对该企业提供借贷业务。在战时"指定金融机构制度"下，一家企业对应一家银行。对于银行而言，针对一家企业提供巨额贷款是高风险的行为。在二战后的主银行制度下，为分散投资风险，还可以进行协作融资，即主要受理银行担负对贷款进行审查的责任。然而，在战时状态下一对一的对口金融体系并不允许类似的审查程序。

在此制度的庇护下，只要是军方的订货，资金必定有保障。同时，军需省必定分配产品制造所必需的资材。这样企业就无须担心资金不足等问题。只要有订货，必然有资金。虽然自有资本比率在下降，但是军需生产不愁买家，定金入手就不担心资金周转问题。企业没有增资的后顾之忧，便可以依靠银行提供的贷款开足马力从事军工生产。

与此同时，企业也因此失去"企业之所以为企业"的固有机能了。因为企业的发展已经偏离了既定轨道。如表 13 - 1 所示，以缴纳资本金为基准，三大财阀确实在战时迅速提高了地位，但是至少在 1941～1945 年，缴纳资本金在企业发展中所发挥的作用已经弱化。因此不能够仅仅从资本金的比重来研判财阀的发展。当然，紧随时代变化的潮流，财阀整体（包括本部）在提高长期借款依存度的基础上，持续扩大投资也是事实。

总之，作为战后财阀解体的前兆，甚至有学者主张财阀自 1940 年开始就丧失了其作为财阀的本质性特征，已经提前进入事实上解体的进程。由此可见这一时期财阀内部发生的深刻变化。

财阀本部的股份公司化

财阀发生的深刻变化体现在诸多方面。首先值得关注的是，财阀本部的股份公司化。如前所述，三井合名、三菱合资、住友合资等财阀的本部部门并非股份制公司，因为财阀总部的排他性支配结构没有股份制的必要。此外，合名会社、合资会社与股份制公司不同的一点还在于，它们不需要公开企业财务，这是财阀采用合名、合资等企业形式的重要缘由。

但是，1937～1940 年，财阀本部的企业形式发生了剧烈的变化。

最先做出变动的是住友。1937 年 3 月，住友将住友合资会社改组为股份制公司（株式会社住友本社）。1937 年 12 月，三菱紧随其后，将三菱合资改组为株式会社三菱社，本部部门成为法人形态的股份制公司。1940 年三菱社（1943 年改称三菱本社）公开募股。此前仅限同族出资的本社股份亦面向社会公开募股。这样财阀本社部门所谓排他性支配的特征从三菱开始渐次解体。

为什么会进行这种改组呢？根据西野喜舆作 1937 年所著《住友康采恩读本》一书的解释，"是为应对日本政府越来越多的增税"。① 根据西野的推算，当时住友家主依据个人所得税法、租税特别增征法、临时租税增征法附加税等各种纳税超过其个人收入的六成，如果再有增税的话那么纳税负担只会越来越重。而且，住友本家的继承税本就占很大一笔，以 2 亿日元计算的话，至少也要缴纳 4000 万日元继承税。针对这一情况，住友内部开始讨论租税对策，关于改组的详情，山本一雄的著作《住友本社经营史》一书有详细的介绍。②

在这一波改组热潮中，反应最慢的是三井。其实早在 1937 年，三井内部就已经有类似的讨论，但是由于同族数量较多，

---

① 西野喜舆作『住友コンツェルン読本』春秋社、1937。
② 山本一雄『住友本社経営史』京都大学学術出版会、2010。

一时间难以统一意见，股份公司化一事迟迟未提上日程。直到1940年8月，三井合名会社才正式与株式会社三井物产合并。值得注意的是，不是三井合名吸收合并三井物产，而是作为子公司的三井物产合并了三井合名，这是比较令人意外的事。伴随着两家公司的合并，三井的本社部门对其财务进行公开。合并的三井物产既身兼本社部门的职责，同时还承担作为贸易商社的责任。1942年，三井物产公开出售其25%的股份。这样三井组织的核心以及股份都得以公开。1944年，三井物产改称三井本社，并将商事部门分离，成立新的三井物产公司。也就是说，三井的本部借着三井物产的外衣成为股份制公司。从法人资格的继承性来看，三井物产作为后继公司吸收合并了三井合名，尔后三井物产再将公司名称改为三井本社，并成功将商事部门作为其子公司分离。

以上就是财阀在1940年前后将其本部股份公司化的基本过程。股份公开让财阀"排他性支配"的特征开始松动。财阀组织改革的重要背景是为缓解资金供应的压力，但这不是财阀谋求变革的全部动力，还有另一方面的背景来自财阀内部。

财阀本部的改组与租税负担

表13-5为三井合名会社的红利和继承税的负担额度。1936年，三井同族中的北家和若松町家开始支付继承税。大致从这一时期开始，税负增加的问题越来越突出，三井合名内部开始商讨节税对策。

表 13 –5　三井合名的红利和同族支付的继承税

单位：千日元，%

年份	红利	继承税	比例
1936	17300	3381	19.5
1937	28000	4974	17.8
1938	23800	8389	35.2
1939	27350	8389	30.6
1940	29820	9691	32.5
1941	(30000)	9691	32.3
1942		9691	
1943		6310	
1944～1946		7316	
合计		67832	

资料来源：春日豊「戦時体制への移行と財閥の再編成」『三井文庫論叢』21号、三井文庫、1987、306頁。

表 13 –5 中的第二列为三井合名支付给同族的红利，年均支付额在 3000 万日元以下。但是在 1939 年的估算中，三井同族在 1936～1946 年预计要缴纳总额为 6783 万日元的继承税。受到本家和分家家主相继去世的影响，1936 年北家和若松町家，1937 年伊皿子家，1938 年新町家和南家，1940 年永坂家，在 11 家同族中有 6 家相继缴纳继承税，这是 1940 年初时的情形。

三井合名每年提供约 3000 万日元的红利，是同族唯一的收入来源。但是要拿出近 1/3 支付继承税。当然，除此之外还要支付个人所得税。如果前述西野的计算准确的话，那么 1936 年时高收入者还要缴纳总收入近六成的所得税，同族最后可支配的收入只剩下一成，这简直是不可想象的事情。

三井所特有的"总有制"让同族的纳税问题变得更加复杂。

三井的 11 家同族共同持有三井的全部资产。"总有制"的一大特征是资产不可分割，也就是说虽然名义上规定了同族各家的份额，但是例如北家不能收回北家所持有的份额。如果可以收回，支付继承税自然方便，只需要把资产出售便可以支付继承税。

三井同族最大的资产是对三井合名的出资额。1940 年三井合名的资产评估值是 8.9224 亿日元。三井合名的出资额是 2.5 亿日元，也就是说资产评估额约是出资额的 3 倍。继承税是根据这近 9 亿日元的资产评估值算出的，即如果税率是 20% 的话，也要支付 1.8 亿日元的继承税。如果全部收回 2.5 亿日元的出资额，支付继承税之后也只剩下 7000 万日元。

问题就出在"总有制"的制约上。分家在面临巨额的继承税时，由于不能回收自己所持有的份额，这就意味着作为课税对象的资产不能作为资金来使用。本来继承税是以个体所有权为前提而产生，当时三井的"总有制"却限制了个人的所有权。这就不可避免地产生了冲突，如何有效处理这个问题，三井内部莫衷一是。

最后的办法就是废除"总有制"。类似的情形住友在 1926 年就发生过。当时住友家主友纯去世之后，住友面临巨额的继承税问题。后来住友解散了住友合资会社，在部分资产分给住友本家和连家①的同时，本社部门完成股份公司化改组。这样本家和连家的出资变换成股票的形式，以此为担保从银行借款也成为可能。在我看来这是维持"总有制"原则，同时减轻税费负担的

---

① 连家是指女性子孙分家。——译者注

最好方式。

　　当然，三井的反应算是比较迟钝的了。如果住友没有经历友纯的去世，恐怕也不会如此顺利地应对这一问题，因此无须苛责三井太多。总之，对于反应迟缓的三井来说，可供选择的选项也相当有限了。

　　要废除"总有制"，就得解散三井合名这个公司。但当时直接解散又会产生如下问题，如果要解散资产评估值为8.9亿日元的三井合名，大概要支付约5.15亿日元的税金。这是针对企业清算所得而征收的税金，较之住友合资解散时税率又有提升，可谓一笔巨额的负担。按此方法推进，结果只能剩下3.7亿日元资产，对于三井而言绝对不是一笔划算的生意。

　　那么是否可以采取出售合名会社所持股票的方式呢？这是三井此前采取的方法，通过出售股票获得收益，再将这笔收益分配给同族用来支付继承税。但这种方式也要支付大量税金，首先出售股票获得的收益的近五成要缴纳法人所得税。剩下的五成分配给同族，分红中的70%作为个人所得税要缴纳给政府，算来算去到手的只有15%，这种方式更加行不通。

　　最终三井的解决方案是让三井物产吸收合并三井合名，只要三井合名不解散就不需要缴纳清算所得税。如此一来，三井合名得以股份公司化，至少从形式上而言，"总有制"只剩下空壳，三井各家同族开始持有三井物产的股票。如果需要，同族可以卖掉所持股票，也可以此为担保向银行贷款。在做好前期准备工作之后，三井物产公开出售其25%的股票。三井物产的公开募股即意味着"排他性支配"的松动。

但是，这又产生了另一个问题，一直以来三井物产和三井银行、三井矿山都是相同地位的企业。如今三井物产合并总部三井合名，在矿山和银行看来这种关系变得十分奇怪。为此三井物产内部另外建立了"本社部门"（即总部）。但是如果将本社部门再分出去，就让这次改组前功尽弃，为协调好财阀旗下各子公司的关系，这次三井采取的是另外成立商事会社的方式。总之，三井改组的目标是合理避税，建立新三井物产公司也是不得已而为之。1944年三井物产改组为三井本社，作为商事会社的三井物产从本社分离。避税是上述"合并闹剧"出现的原因。子公司合并本部，恐怕在日本也是没有先例的尝试。当然，三井物产为此蒙受了很大的损失。

　　三井内部保存有三井改组相关的资料。此次改组对子公司的影响尤其严重，针对接下来总部与子公司的关系问题，三井合名理应同三井物产、三井矿山等子公司进行详细的解释说明。但不幸的是，从当时留下来的资料来看，几乎没有涉及。

　　如果说三井高层完全没有考虑过，或许冒昧失礼，但有关决策过程的资料确实没有保存下来。直到合并方案几乎确定的时候，三井合名才找到三井物产事实上的最高经营责任人石田礼助，并提出了上述改组方案。石田对这一无厘头的改组方案当然坚决反对："这样做只会导致组织的无序和混乱，今后三井物产该如何处理与三井矿山、三井银行的关系完全没有个说法。"

　　从企业经营的角度考虑，石田的回答当然是义正词严。特别是在听到是为同族避税而想出来的方案时，对三井物产百害而无一利的改组，石田断然难以接受。最后三井本家的家主向石田低头，并力陈此乃"关乎三井家存续的危机"之后才获得三井物产的同意。三井物产同意的背后恰恰体现了财阀之所以为财阀的支配力，这时职业经理人基于经营上的判断就完全不起作用了。

三井在改组的过程中看不到职业经理人参与的痕迹，主要是三井本部高层根据同族的意见单方面进行的改组。因为做出决定的是三井同族，所以他们不会考虑改组对财阀组织整体的影响。作为战时经济体制下商品流通部门的最大企业，三井物产重组不是基于经营上的理由，而是基于同族避税的理由，实在是滑天下之大稽。

从这一改组事件也可以看出，同族出资者虽然在战时经济体制下影响力有所削弱，但是根本性的决定能力仍然掌握在他们手中。财阀在战争期间虽然存在感增强，但是军部和政府插手经营已是日常。在此背景下，财阀旗下子公司经营的独立性虽然增强，但是仍然没有遏制住财阀同族的发言权，而这恰恰是战前财阀特征的集中体现。

战后日本进行的解散财阀工作，通过改组、解体等方式完全削弱出资者的力量，本质上就是要消除同族的排他性支配。这也是战前财阀与战后企业集团之间在组织原理上的最大区别。虽然财阀在战时柔性适应了形势的要求，放宽了对财阀组织的控制，但是在诸如三井改组问题上面临的情况那样，重要关头仍然向世人证明，财阀旗下的企业就是"同族的私有物"。

14　财阀解体：战争责任的追究

　　日本在二战结束后进入了占领体制。在驻日盟军总司令部（下文简称GHQ）推行的经济民主化政策下，日本根据自由市场机制开始进行经济结构改革。自由市场机制是英国经济学者亚当·斯密推崇的经济学理论，但是这一理论最终在美国开花结果。

　　该经济理论虽然诞生于英国，但当时英国社会还保持着身份等级制度，而美国作为主要由欧洲移民过来的白人社会能够比较容易建立起平等的关系。但是，早期美国是黑奴贸易猖獗的地区，在发展的过程中伴随着对本土印第安人的驱赶和屠杀，因此美国并非先天平等的国家。进入20世纪后，美国国内针对中南美移民的歧视性言论亦非罕见。在"白人至上主义"仍然得到拥护的背景下，我们要对美国的"自由"保持几分警惕。美国之所以能够孕育自由主义的基因，只是因为它是以移民为主体而构筑的多民族社会。在这种社会氛围下，自由竞争成为最合理的选择，而不是像日本那样考虑"血缘""地缘""亲缘"等关系，"市场竞争"是最适合美国社会和文化的原理。

　　竞争原理或者说市场原理在美国推崇备至，并发展成为美国人的信条。这一信条被搬运到日本是在1945年8月15日以后。本章所要讲述的恰恰是二战后改革的重要一环——财阀解体。故事讲到这里，大概也到了电影或者大河剧中主人公去世的场景了。

战后改革与民主化

日本的战后改革是按照美式民主主义、经济社会体制为样本进行的。对于GHQ而言，认为美国是最优秀的国家，美国的制度体系是最优秀的体系是一件幸福的事情。因为这跟日本形成鲜明的对比，战后的日本在相当长的一段时期被视为后进的、特殊的国家。直到1980年代，其经济体制才被国际社会视为模范来研究，日本人大约也是在这一时期才开始抬起头来，具有了经济大国的自信。国际上所谓"经济大国日本""日本式经营"的讨论也兴盛于这一时期。不幸的是，进入1990年代泡沫经济崩溃之后，关于日本经济崩溃的讨论开始增加。

关于美国对日占领期间的评价或有不同认知。美国人带着制度自信来推进对日本的战后改革。涉及经济领域的改革主要有三项，其中之一就是本章所讨论的主题——解散财阀，另外两项是农地改革和劳动改革。这些改革被统称为经济民主化政策，其目的是通过经济领域的改革实现日本的民主化，让其不再具有能够向美国挑起战争的能力。

这些改革对战后日本的经济形势产生了重大影响。改革的理念在于建设民主社会的政治意图，都浓缩在日本宪法的条文中，其中包括将天皇制转换成象征天皇制。

也就是说，通过劳动改革、农地改革等提高劳动者和农民的地位，让民主主义政治制度在日本落地生根。在 GHQ 的认识框架中，一直以来，特定的社会集团、财阀、官僚等集中了太多权力，并左右了日本这个国家的命运。因此它们的目标是建立能够不让权力集中于以天皇为中心的少数人手中的民主政治制度。为此，需要积极动员劳动者和农民参与政治，通过赋予他们投票权来破解权力集中的政治结构。

GHQ 带着政治意图进行农地改革，瓦解了地主阶层，解放了自耕农。独立的自耕农成为民主主义的重要力量，但不幸的是，后来反对日本开放市场特别是开放大米市场的恰恰是这些被解放的农民。也就是说，农民反而成为自由经济制度发展的最大障碍之一。

在承认劳动者权利的同时，劳动组合（工会）的力量亦随之增强。社会民主主义性质的劳动阶层政党的活动合法化，其发言权得到强化。这也是民主化改革的宗旨之一。这些都是为了防止出现战前那种专制的非立宪主义支配的政治制度。

战后日本的政治体制是否如 GHQ 所设想的那样顺利发展我们姑且不论。但是，劳动改革和农地改革在整体上提高了劳动者和农民的收入水平是不争的事实。随着这些阶层收入水平的提高，战后日本国内形成了广阔的耐用消费品市场。战前日本经济对出口的依存度（与 GNP 的比率）是 20% 左右，战后这一比例下降到 10% 左右。日本在进入经济高速增长期之后，对海外的出口如暴风骤雨似地增加，国际社会对日本贸易赤字的批判不绝于耳。但是一个客观事实是，日本的出口依存度远远低于战前的时代。日本经济的发展主要得益于国内市场的高增长率。企业旺盛的投资是国内需求扩大的最大原因，但最重要的背景是消费水平的提高及与之相伴的个人消费支出的增加。日本之所以能够形成旺盛的国内消费市场，得益于战后经济改革，特别是解放了劳动者和农民生产力之后带来的积极效果。

解散财阀的目的

关于解散财阀一事，评价起来有些困难。有人认为，财阀虽然解散，但是后来作为企业集团得以重生，所以解散财阀并没有太大的效果。还有观点认为，战后日本的企业集团与财阀是完全不同性质的企业组织，日本的经济结构已经发生很大的变化。

本章重点考察解散财阀的意义，同时承前启后，紧密衔接下一章将要论述的企业集团。首先要触及的问题是，为何财阀非得解散不可？

早在 GHQ 占领日本的初期阶段就已经明确解散财阀的方针。最早提及解散财阀的文件可见于 1945 年 9 月 22 日美国政府发布的《日本投降后美国初期对日方针》。方针指出："应该解散那些支配日本大多数商工业的商业及金融大企业组合（combination）。"

这里所谓"支配日本大多数商工业的商业及金融大企业"，在 1945 年的时间节点上不是其他，正是所谓的"财阀"。所以在日本宣布投降后，美国马上着手解散财阀事宜。值得注意的是，美国早在 1942 年就已经开始讨论对日占领计划和政策。所以，解散财阀应该是美国方面基于严谨的讨论而推进日本民主化进程的重要一环。

日本方面严正接受了美国有关解散财阀的主张。其实，美国有关解散财阀的主张并非单纯针对日本，在美国对德国占领政策中，亦有关于"解散德国大企业组合"的内容。

> 如此巨大的企业力量集合体从定义上来看明显是违背民主主义原则的。雇佣数十万名工人，涉及近代经济的近乎全部领域，这与自由竞争的市场价值完全背道而驰。

这是美国政府的官方立场，亦适用于对德国的占领政策。

这类大企业是不好的，如此具有影响力和支配力的大企业的存在是违背民主主义的——虽然我们并不清楚此处的民主主义所指为何——总之应该否定此类企业的存在。但是，美国也有巨型企业，问题恐怕不仅仅出在规模大这一方面。

如果战后改革的目的是建立民主主义的政治制度，那么建设民主主义的经济制度亦应该是战后改革的题中应有之义。在市场中自由竞争的经济制度正是美国对民主主义经济制度的信条。毋庸置疑，财阀这样巨大组织的存在就是民主化的重大障碍，排除或者解散财阀也成为理所当然的方针。

GHQ 自从 9 月到 10 月持续向财阀施加压力，解散财阀的工作以安田等财阀自主提出解体计划为开端。GHQ 所谓"自主解体"的主张确实巧妙。回想 1980 年代，日美贸易摩擦正酣的时期，日本的钢铁和汽车领域也以"自主调整出口"的方式收场。美国没有给出具体的指示，主动提出调整计划，双方取得共识即可成立。如果是"农地改革"，GHQ 方面还会直接插手，但是在涉及财阀解散的场合，GHQ 则是通过各种压力迫使财阀制订自主的解体计划。

强调"自主解体"，其实事出有因。美国在讨论对日占领政策时，有意见指出"占领应根据国际法的准则，占领当局除基于军政目的所必需的场合之外，没有权利要求被占领国变革基础经济结构"，"日本国内经济的长期构想和改革应该交给日本人处理，占领当局对日本国内经济的干涉应该控制在最低限度"。① 也就是说，美国方面虽然明确了解散财阀的方针，但是根据国际法的原则，对于直接干涉应该慎之又慎。对于不服从的财阀，GHQ 则威胁强制解体，却从表面上制造了"自发解体"的假象。

GHQ 之所以坚持彻底贯彻解散财阀的主张，背后反映的是美国政府对财阀的强烈反感。最能表现出这种反感的是制定日本赔偿计划的埃德温·保利（Edwin Pauley）。为全面解体日本的军事产业，保利制订了非常严格的赔偿计划。讨论战后日本赔偿问题时，以美国为首的占领当局吸取了一战后针对德国的现金赔偿过于苛刻的教训，在对日本战后赔偿的问题上侧重解体设备，并将工业能力转移到战胜国等现物赔偿的方式。保利制定的赔偿方案要求撤掉日本重工业设备的七到八成并赔偿给战胜国，从程度上来讲确实苛刻。对此保利指出："日本的财阀是由同族或者法人组织紧密结合的少数人团体，在日本近现代史上，其强大的潜在战争能力不仅体现在对金融和商工业的控制，甚至对日本政

---

① 大藏省财政史室编『昭和财政史　終戦から講和まで　2 独占禁止』東洋経済新聞社、1982、90 頁。

府亦具有强大的支配力。"

在他看来，"财阀才是最大的战犯"。持有这类主张的人主导战后对日占领的进程，对于财阀来说实属不幸。在推动历史的进步这一点上却扮演了重要的角色。

对于财阀来说，我的上述论断或许会招致反对意见。如三菱的岩崎小弥太所言："三菱从未有过背信于国家和社会的行为，也从未与军部官僚相勾结挑起战争。三菱遵从国策之命，作为一国之臣民尽理所当然之义务，吾不知耻从何来。"

对于亲历过战争的人们来说，或许与岩崎小弥太抱有相似的认知。即使财阀认识到战争的疯狂，但现实是谁都没有能力阻止。或许如小弥太这等地位的人可以针砭时弊，但是在当时的政治形势下发挥不了任何积极作用，所以小弥太非常反感美国方面主张的解散财阀政策。其实背后反映的是对财阀本质的不同理解。远东国际军事法庭追究了军部在政治及军事上的责任，而解散财阀是追究财阀战争责任的重要方式。财阀的当事者则认为，它们只是遵照政府的要求行事。当然，财阀的主张也有问题，但是不能据此认为美国方面的主张就完全正确。

解散的具体措施

在上述"自发"与"强制"之间，10 月 8 日，安田财阀的本社部门"安田保善社"率先解散。三井、住友两大财阀紧随其后，只剩下三菱负隅顽抗。最终三菱表示接受日本政府命令（而非 GHQ 命令）而解体。

在财阀实际解体的过程中，还需要从不同的维度来理解。因为解散财阀的理念不仅是出于对战争责任的追究，同时还要在此基础上建立民主主义的经济制度。

首先需要思考的是控股公司与子公司之间的关系。财阀的组织结构是以同族作为所有者高高在上，其下分列子公司的金字塔模式。要解体财阀的这种组织结构，需要从何处下手呢？例如，控股公司以持股的方式控制子公司，那么子公司的高层管理人员是由控股公司派遣委任，从人事来看本部和子公司是紧密一体的关系。如果解体的话，就必须切断总部与子公司之间所有的股权关系、人事关系等。

仅仅这样还不够。财阀的同族通过持股会社对子公司具有强大的影响力。如果不对同族采取相应对策，资金集中能力较强的他们极有可能再次集结资本、卷土重来。因此，如何削弱同族的经济力量也是占领当局必须考虑的问题。

因此解散至少涉及两个方面：第一，解散控股公司（总部）；第二，排除同族的经济影响力。但只有这两项措施仍然不够。因为如果不能确保市场竞争更具有流动性的话，财阀系企业仍然具有较强的影响力。诸如三井物产、三井矿山、三菱重工等巨型企业继续存在的话，从产业层面来看恐怕很难形成竞争性市场。所以还要做好第三个方面的措施——为更好地解散财阀而对大企业进行必要的分割。

由于上述政策都是人为进行的解散和分割，所以不排除不久之后恢复原样的可能性。基于此，还需要从法律层面限制财阀重新聚集。这就是第四个方面的措施——制定《禁止垄断法》。

GHQ 所主导的解散财阀政策主要由以上四个方面的内容构成。

GHQ 的经济科学局与日本政府商工省、大藏省协调解散财阀事宜。为此专门设立控股公司整理委员会，由该委员会来推进相关措施。具体措施自 1945 年 11 月开始直到 1946 年全年渐次实施。

1945 年 11 月，日本政府发布敕令"公司解散之限制"。之所以出台这一敕令，是为了防止企业以解散之名妄图转移资产等其他不轨行为。通过限制解散来对现状进行冻结。这样三井本社、三井物产、三菱重工等企业就没有办法私下提前行动。翌年，控股公司整理委员会认定十大财阀为控股公司（三井、三菱、住友、富士产业、大仓、野村、日产、浅野、涩谷、安田），并接管其全部股份。此外，财阀同族所持子公司及其他股份公司的股票亦悉数由该委员会接管。

控股公司整理委员会在接收财阀企业及财阀同族所持股份之后，于 1948 年通过新成立的证券处理协议会顺次出售。也就是说，将维系财阀内部关系的股份以对外出售的方式肢解财阀。股份的出售以个人为对象，以该企业的员工为主。

控股公司整理委员会共接收 1.5 亿份股票，约合 68 亿日元。这些占当时日本总股票发行额近 1/3 的股票，在该委员会的监管和运作下销售给民间。

除了股票遭到接收之外，GHQ 还要求财阀的同族等辞去企业董事会成员等职务。被迫辞职的除了同族之外，还有战时主要财阀企业的高层管理人员，此举是为了从人事关系上清除财阀统治的痕迹。受此突如其来决定的影响，前几日还处在企业运营中枢位置的社长及董事会高管多数遭到了驱逐。

遭到驱逐的高管不仅要辞掉职位，短期内也不被允许担任公职，包括到子公司等担任顾问。当然，事实上不乏内部担任顾问等的案例，但是公开场合是不能拥有职位的。通过上述方式，GHQ 实现了解散控股公司和排除同族经济影响力这两个目标。

这样一来，在战时日本经济运营中占据中心地位的财阀高层遭到彻底清算。财界高层遭到驱逐的规模，一点也不逊于政界高层。这里多嘴一句，在 GHQ 对日本各阶层的清算中，官僚阶层受到的影响最小。官僚阶层在战时政策制订过程中发挥的作用并不小，但是 GHQ 考虑到占领期间需要职业官僚贡献智慧，在追究官僚阶层战争责任的问题上采取了相对宽容的态度。

我们来继续关注解散财阀事宜。出于解体巨型企业的目的，日本政府制定并通过了《过度经济力集中排除法》。对具有垄断性的企业进行分拆处理。一言以蔽之，就是让那些市场份额较大的企业拆分成若干企业。根据该法律的规定，日本制铁、三菱重工、王子制纸等遭到分拆。最初约有 325 家企业适用该法，如果照此计划进行那么日本排名前 300 的企业都要面临被分拆的命运，竞争性的市场机制或可顺利实现。

实际上适用该法律遭到分拆的只有 18 家企业。也就是只有最初计划的 1/20 的企业遭到分拆。这一变化的背后体现了 1947～1948 年美国对日占领的信念开始动摇。这里所谓的"信念动摇"并不是放弃了"民主化"这一目标，而是受国际形势变化而做出的调整。这时美国与苏联的冷战已经拉开帷幕，对于美国而言，日本、菲律宾等与东方共产主义政权邻近的国家自然成为重要的据点和前沿阵地。基于战略前沿的定位来看，是否还要坚持彻底的改革成为美国内部讨论对日本占领政策的焦点。

美国在占领初期阶段奉行彻底的改革路线，对日本经济复兴的目标定位在回到1930年前后的水平。也就是说，美国寄希望于把1930～1945年这15年日本通过战争扩大的工业能力彻底清除。把日本打回以轻工业和农业为中心的国家是占领初期的政策。但是，这种轻率的政策极有可能引起更大的混乱，而且日本雄厚的重工业实力对于美国来说也具有利用价值。对于美国而言，严格执行占领政策只会助长日本国内的反美情绪，相较于培养民主主义势力，不如说培养亲美势力更有助于美国的战略布局。此前占领政策中鼓励劳工运动等政策，由于更加接近东方共产主义阵营的想法，GHQ后期也对其进行了调整。例如，针对公务员的劳动基本权限制等措施就是调整的具体体现。在此背景下，针对财阀的改革得到缓和，当初制订的赔偿计划几经修改也变得相对宽容。

对于美国人来说，这些政策调整不能说是方向转换。因为美国人认为美国就代表了民主主义改革的方向，民主化与亲美主义是可以画等号的。但是，在日本看来则是很明显的方针变化。

结果，原计划分拆325家企业的重整方案搁浅，最后落实到位的只有18家企业。代表性的案例有日本制铁分拆成八幡制铁和富士制铁；三菱重工根据区域一分为三，分别为东日本重工、中日本重工和西日本重工；王子制纸亦遭到分拆；东芝也是分拆对象，但是仅仅将其工厂拆分成独立的子公司。这样最终遭到分拆的企业有11家，其他企业则通过关停、处理工厂设施、接管所持股份等方式排除其经济力量过于集中的状态。这是巨型企业走向解体的第一步。

除此之外，还有两家不适用《过度经济力集中排除法》而解体的企业，它们分别是三井物产和三菱商事。这两家贸易商社根据GHQ关于解散财阀商社的解体指令而拆分。商社通过贸易将财阀的权益触角伸向世界各地，所以在解散财阀的过程中，作为巨无霸的商社首当其冲。对于外国政府和企业而言，相较于三井矿山和三井银行，三井物产的知名度反而更大，这也是GHQ发出指令要求两大商社分拆的重要原因。

这种GHQ直接发出指令的分拆方式贯彻得更加彻底。如前所述，作为巨型企业的日本制铁只是一分为二、三菱重工一分为三，而GHQ对三井物产和三菱商事的规定则事无巨细，甚至明确要求分拆后的公司不得包括物产和商事两名以上的部长级管理人员。在此背景下，三井物产被分拆成220家公司，三菱商事被分拆成130家公司，两大商社分拆为350家公司。经过此番分拆解体之后，《过度经济力集中排除法》体制下的巨型企业解体及商社解体告一段落。

《过度经济力集中排除法》制定的宗旨是维护市场公平竞争的状态，将市场占有率过高的企业进行分拆处理。日本制铁和王子制纸确实属于这一类企业，但是将三井、三菱和住友的矿山会社也纳入排除的范围则有点牵强附会。这三大财阀的矿山会社分别被拆分为煤炭和金属两家企业，但事实上煤炭和金属本就具有非竞争的属性，这种分拆并不影响其市场占有率。例如，三井矿山的煤炭占有率，无论是分拆前还是分拆后是不变的。再比如，三菱在矿山和造船市场的份额本就不多，但仍然遭到分拆只能说明它们是三菱财阀控制的企业罢了。所以，《过度经济力集中排除法》的出台背后既有创造竞争性市场的意图，也有削弱财阀型企业实力的意图。①

接下来是《禁止垄断法》的制定。该法律全称是《关于禁止私人垄断及确保公正交易的法律》。要言之，它是一部反垄断及确保公平竞争的法律。《禁止垄断法》的制定在日本历史上具有划时代意义，因此自此法开始，日本产业组织规则领域相关的法律框架原则开始发生重大的变化。

在《禁止垄断法》颁布前，组成卡特尔垄断联盟是不违背法律的。相反，例如1931年制定的《重要产业统制法》则规定"在经济萧条期可积极组成卡特尔"，可以说这是日本产业组织规则的基本法。也就是说，在原则上是允许的，一旦出现问题，国家可以出面介入确保其良性发展。但是，新出台的《禁止垄断法》原则上禁止卡特尔、托拉斯等组织形式。如有政策上的例外等特殊情况，日本亦制定《关于禁止私人垄断及确保公正的适用除外的法律》来进行相关保障。根据该法律的规定，控股公司遭到禁止。也就是说，过去一直通行的企业组织规则以该法颁布为契机实现了重大转换。

---

① 武田晴人「競争構造」武田晴人編『日本経済の戦後復興』有斐閣、2007。

解散的历史意义

GHQ 通过上述一系列措施实现了解散财阀的目标，那么解散财阀具有怎样的历史意义呢？解散财阀意味着从战前到战后日本企业组织形式的变化。其中最典型的变化体现在财阀同族或者出资者的力量遭到大幅削弱，这是具有决定性意义的转折点。

财阀在战时日本重工业的发展中扮演了积极角色。其以柔性的方式回应战时政府和军队的要求，也为合理避税而进行组织改革。但是，战时财阀的组织改革优先的是同族利益，而不是经营上的考虑。也就是说，在战前以财阀为中心的企业组织体系中，同族握有最后的发言权。财阀解散以后，控股公司不复存在，同族遭到了彻底的排除。虽然控股公司整理委员会把售出股份后获得的现金分配给财阀，但是受通货膨胀及临时财产税的影响，到财阀同族手里的只有很少的一部分。

同族的资金力量和经济力量大幅削弱，外加对同族高管任职的限制规定，财阀同族或所有者的影响力遭到毁灭性打击，这是解散财阀导致战前日本与战后日本的最大区别。但是，出资者力量削弱是否就意味着实现了经营者权限较强的美国式经营者资本主义了呢？事实上并非如此。如前所述，1946～1948 年，各大企业中冒出来的人才中有相当一部分是原来下属的工场及部门的负责人。由于战时担任董事会高职的精英遭到整饬，这些 40 岁左右的中层技术人员和干部被推到了经营管理的最前线。另外，在应对工会运动中对策卓然的人也得到了认可和提拔，这些年富力强的人才进入高层，参与或领导制定企业的决策。

其中既有长期掌权的人士，也有后来成为财界名人的企业家。总之，得益于 GHQ 的战后改革，年富力强的经营人才（当然，他们可能未必有实际经验）得以成为企业的高级主管。

这些人或出身于企业各大部门，或者曾担任工场长，虽然有在一线任职的经验，但是要驾驭庞大的企业机器仍然稍显稚嫩。所以，企业的领导权并非集中在一人手中，而是以集体领导的方式带领企业渡过难关。

经营者面临的严峻问题是，控股公司被废除后的稳定投资来源不足。战前日本的控股公司，如果无特殊理由不会出售所持子公司的股票，对子公司来说是非常稳定的资金来源。但是，战后颁布的《禁止垄断法》不允许控股公司存在，这是比美国还要严厉的限制措施。

控股公司整理委员会原则上将接收的股票优先卖给原企业的员工，如果还有剩余则拿到市场上出售。如此一来，企业员工组成的持股会或员工团体成为企业的大股东。即使如此，对于经营者来说，股份的所有结构仍然是充满流动性的，很不稳定。长此以往，保不准有谁大规模购入企业的股票，成为企业的大股东，经营者自身的地位也有可能受到影响。这种结果往好了说是促进了经营者之间的竞争意识，往坏了说则潜藏着企业经营权危机的风险。

表 14-1 所示为 1945~1953 年日本发行股票的持有者情况。在财阀解体的 1945~1949 年，个人所持股份从 53.1% 增加至

69.1%。这可以视为解散财阀带来的结果。其他法人所持股份占
比则从24.6%下降至5.6%,表明控股公司释放了股票。

表 14 – 1　股票分布情况（持股比例）

单位：%

年份	1945	1949	1950	1951	1952	1953
政府、公共团体	8.3	2.8	3.2	1.8	1.0	0.7
金融机构	11.2	9.9	12.6	18.2	21.8	23.0
其中投资信托	—	—	—	5.2	6.0	6.7
证券公司	2.8	12.6	11.9	9.2	8.4	7.3
其他法人	24.6	5.6	11.0	13.8	11.8	13.5
外国人	—	—	—	—	1.2	1.7
个人及其他	53.1	69.1	61.3	57.0	55.8	53.8
发行股数(百万股)	444	2000	2581	3547	5365	7472

资料来源：大藏省理财局経済課『株式分布状況調査　昭和28年度』1955、
9頁。

通过表14-1亦可以看出,受到解散财阀的影响,在日本经
济中控股公司不复存在后,个人持有的分散股份所有结构逐渐成
形。但是到了1953年,个人持有的比例下降到53.8%。也就是
说,个人持有占比的增加只是暂时现象,虽然这时日本的股份结
构仍然分散,但是个人持有的部分再度被法人,具体来说就是金
融机构夺回。法人股东的占比从整体上再次呈现上升态势。这也
反映了前述经营者所担心的问题。为避免这一流动性的股份结构,
寻求稳定的股东成为不二选择。这为企业集团的诞生埋下了伏笔。

如表14-2所示,在1949年,控股公司整理委员会持有大
量股票,同时证券公司亦持有大量股票。当然,证券公司持有众

多股份本就很奇怪，因为证券公司只是中介机构，它们是通过交易股票赚取手续费的机构。

表 14 – 2　主要企业大股东的推移

单位：千股

1949 年		1952 年	
证券公司	24007	证券公司	33585
控股公司整理委员会	18322	生命保险	29381
生命保险	9615	银行	21933
控股公司	4337	信托	19464
关闭机构整理委员会	4124	事业法人	15473
大藏大臣	1581	外国	7175
个人	1508	一般保险	6796
银行	1288	个人	479
一般保险	1237	其他	390
战时金融金库	974	企业员工团体	311
信托	554		
企业员工团体	185		
被关闭的金融机构	72		
公共团体	60		
其他	16		

资料来源：武田晴人『日本経済の発展と財閥本社：持株会社と内部資本市場』、216 頁。

为何会出现上述状况呢？一个可能的解释是，控股公司整理委员会释放的股票被证券公司大量收购，而证券公司显然是接受了某些企业、个人的委托。受此影响，在接下来的几年里，分散的股份结构重新出现集中的趋势。而这一切幕后的推手就是我们下一章将要讨论的企业集团。

15 企业集团与财阀：
"三等重役"与交叉持股

　　财阀解体之后不久，舆论就有"财阀复活"的声音。这时出现了一个新的现象——企业集团。企业集团中一般有各种形式的"社长会"。例如三菱集团中有名为"金曜会"的组织，三菱系统的社长每周以聚餐的名义聚集一次。如果问他们在干什么，他们回答："无非是吃吃饭、聊聊天。"但如果外人想旁听或者参加，则往往会被拒之门外。凭借想象就可知道，这类所谓的"社长会"其实就是企业集团的总司令部，以这个组织为媒介，企业集团下的各个公司讨论集团的运营和功能。作为本书的最后一章，本章将在比较企业集团与财阀的基础上，简单归纳企业集团的特征。

财阀解体的影响

　　财阀解体以后，企业集团是如何产生的呢？其实搞清楚这个问题，也就能够明白财阀解体的历史意义。财阀解体是在剥夺同族及财阀本部影响力的基础上，创造子公司群体水平关系的过程。也就是说，将金字塔形组织体系的顶端抹平。1950 年代初，《禁止垄断法》对控股公司的限制有所缓和，规定企业可以持有子公司的股份，但前提是该企业必须是事业型企业，且经营的业务与子公司有关联。例如，松下电器产业有很多子公司，但无论是作为母公司的松下电器还是下面的子公司，其主营的业务必须是电气机械制造业。单纯以控股为目的的控股公司的出现还是进入平成时代《禁止垄断法》修改后的事情。我们所讨论的时期仅限于控股公司被禁止的时候，所以对新的情况不做分析。

如前所述，解散财阀之后，控股公司整理委员会将接收的股票顺次出售，股份所有的结构呈分散化状态发展，这比较接近美国股份制公司的模式，即所有权与经营权相分离。

但是，这一变化只是短期现象。战后日本股份制公司所谓所有权与经营权的分离并没有向着美国的方向推进。从结果来看，交叉持股成为日本特色的股份制模式。当然，得益于财阀解体的历史功绩，财阀总部或者同族作为大股东对子公司颐指气使的时代已经一去不复返了。也就是说，作为个体企业的自由，已经摆脱了出资者的束缚。

另外重要的一点是，受到战后初期财界高层被集中追责的影响，企业经营者阵容的年轻化得到快速推进，许多经验尚浅的管理人员开始执掌企业。

其后不久，源氏鸡太出版了一本名为《三等重役》的小说，讲的就是工薪阶层职员被委以重任的故事。这意味着战后日本工薪阶层担任领导的时代到来。不过话虽如此，工薪阶层作为经营者仍然缺少必要的训练和经验积累。例如，工场主或许对现场操作耳熟能详，但是对财务会计可能一窍不通。

经营要处理的工作有很多，可不是制造产品那么简单。为改善现场的技术设备，经营者需要研判引入何种技术能够获得最大的收益，经营需要具有较强的对外交涉能力，还需要应付如火如荼的劳工运动。当然，最重要的是，面对战后千疮百孔的企业，充实企业资本的速度必须追得上通货膨胀的速度，筹集资金的能力成为必需技能。而事实上战后日本的企业中并没有兼具上述才能的高级管理人才，因此只好从经验尚不充分的年轻人中选拔。

这些被委以重任的年轻人对于能否克服困难并无信心。如果是战前财阀系统的企业，对于年轻人的选拔只要得到财阀总部支持，怎么都能说得过去。因为对于战前财阀企业的经营者而言，他们不需要考虑与股东或者出资者之间的关系，也不需要担心资金是否富足。

但是，财阀遭到解散之后，经营者不得不面对这些问题。特别是在股票结构相对分散的状态下，经营者还要时时担忧企业被兼并的风险。事实上，在1950年代中期，与阳和不动产、大正海上等公司的遭遇一样，企业兼并行为频繁发生。企业缺少稳定的股东，则意味着企业对其未来有更多的不确定性。对于这些年轻的经营者而言，没有稳定支持企业的股东是财阀解体的第二层影响。

在此背景下，控股公司整理委员会将接收的股票投到市场之后，经营者首要担心的是维持本公司的股价。如果没有人购买该公司的股票，那么其股价势必下跌。受到战后日本通货膨胀等因素的影响，企业要扩充资本，就必须稳定股价。

战败后日本企业的财务状况受到通货膨胀及战时补贴终止的影响，已经达到极度恶化的状态。如果想要对企业进行彻底整顿，需要根据《企业重建整备法》清理不良债权，充实自我资本。因此，增加企业资本成为必需的选项。但是，当时控股公司整理委员会已经释放了60亿日元的股票，同时还需要增加近100亿日元的资金，对于资本市场（股票市场）而言，显然无法消化这笔资金，股价下跌的风险系数极高。这样就不免会出现股票市场投机性购买的现象，如果是日本国内人士购买倒也勉强可以接受，但不能排除的是外国投资家通过各种渠道购买的可能性。

为避免出现这种情况，某些企业便将释放出来的股票及新增加的股票统一交给证券公司持有。本来作为中介的证券公司，名义上持有部分"消化不了"的股票，这就是上一章最后部分图表中证券会社持股比例较高的缘由。

这就是所谓的"公司自持股票"（本社株保有）。发行股票的企业出钱委托证券公司名义上持有本企业的股票，这跟"公司自持股票"的原理相同。由于当时日本禁止公司自持股票，所以委托证券公司持股也涉嫌违法。也有一些公司为了处理自持股票而另成立别家公司，让这个所谓另成立的公司持有本公司的股票。

但是，这种现象不可能长期维持。因为看似增资，实际资金并不到位。公司自持股票意味着市场流通股票数量的减少。无法正向增加资本，只能作为企业的临时措施。

为缓解资金不足的难题，向银行借钱是比较通行的方式。战时日本本已经很高的企业借款依存度在这一时期继续提高，而自我资金比例则继续下降。但是，银行也面临资金不足的困境。受到通货膨胀的影响，银行名义资金虽然有所增加，但是银行在这一时期很难吸收到存款，这样就无法向企业提供足额的贷款。特别是受到战时军需融资指定金融机构制度的影响，银行自身面临的经营难题接踵而至。因此，无论是对于企业还是银行，增加资金在当时都是迫切需要解决的问题。

企业集团的形成

在此背景下，过去财阀系的企业组成所谓的"企业集团"，当时舆论认为这是"财阀复活"的信号。但是，与财阀组织相比，企业集团从原理上来看是完全不同的组织体系，两者不可相提并论。

企业集团的结合方式是水平的，企业间是彼此对等的关系，而不是金字塔结构的关系。例如企业之间可以交叉持股。集团内的 A 公司可以持有集团内 B、C、D、E 等公司的股票。在两个企业之间，A 公司是 B 公司重要股东的同时，B 公司也是 A 公司的重要股东。

实际上金字塔结构的组织位于水平面之下。例如，D 公司下面有大量子公司。这是战后企业集团的特征，从所有制结构来看并非以财阀本社或者同族为中心。或许稍微值得诟病的就是"社长会"。其实这个"社长会"并非正式的组织，而是各个企业的社长之间交流的组织，从集团内各企业的独立性来看要比财阀时期强多了。

企业集团的另一个特征是与该组织相重合的主银行制。银行在各大企业筹措资金的过程中发挥着关键作用。无论是对于集团内的 A 公司而言，还是对于集团内的 B 公司或者 C 公司而言，X 银行作为主银行在金融方面向这些公司提供保障。也就是说，主银行就是在企业集团内扮演协调性融资的主干银行。

表 15 - 1 所示为 1966 年三井系、三菱系、住友系的社长会成员企业。这里的成员在不同的时期会有所变动，本处姑且以 1966 年为参考进行介绍。

表 15 – 1　1966 年三菱系、住友系、三井系社长会成员企业

	三菱系（金曜会）	住友系（白水会）	三井系（二木会）
银行	三菱银行 三菱信托	住友银行 住友信托	三井银行 三井信托
保险	明治生命 东京海上	住友生命 住友海上	三井生命 大正海上
商社	三菱商事	住友商事	三井物产
矿业	三菱矿业	住友煤炭	三井矿山 北海道碳矿汽船
建筑			三机工业
食品	麒麟啤酒		
纤维	三菱尼龙		东洋尼龙
纸浆	三菱制纸		
化学	三菱化成 三菱油化 三菱树脂 三菱孟山都化成 三菱江户川化学	住友化学	三井化学 东洋高压 三井石油化学

	三菱系(金曜会)	住友系(白水会)	三井系(二木会)
石油	三菱石油		
烧制	旭玻璃 三菱水泥	日本板玻璃 住友水泥	
钢铁	三菱制钢	住友金属工业	日本制钢所
有色金属	三菱金属	住友金属矿山 住友电工 住友轻金属	三井金属
电气机械	三菱电机	日本电气	
运输机器	三菱重工		三井造船
机械	三菱化工机	住友机械	
房地产	三菱地所	住友不动产	三井不动产
海运	日本邮船		
仓储	三菱仓库	住友仓库	三井仓库

资料来源：橘川武郎「戦後型企業集団の形成」法政大学産業情報センター編『日本経済の発展と企業集団』、278 頁。

表 15-1 一目了然，战后日本代表性的大企业悉数在列。这些大企业通过定期的会面，作为一个集团就具体的议题或者大型开发项目采取共同行动。其中典型的案例如 1950 年代后半段，住友以住友化学为中心，三菱以三菱石油为中心积极从事大型石油化工设备生产，在当时受到舆论的较大关注。所以舆论普遍认为，这背后肯定有密切的协商沟通机制。

社长会组织最早为外界所知晓是住友系于 1951 年成立的白水会。住友重新集结的速度最快，而三井的速度最慢。三菱系企业 1954 年结成金曜会，三井则到了 1961 年才结成二木会。

据说三井系在此之前曾有过一个名为月曜会的组织，但是具体成立时间不详。社长会成立的契机之一是讨论各自恢复商号的问题。GHQ对日占领期间曾规定三菱、三井、住友等财阀名称不得用于企业商号。结果很多企业不得不改名应对。例如，住友金属当时更名为新扶桑金属。安田改称为富士，这个名称最终没有改回来。三菱重工被分割后分别取名中日本重工、东日本重工和西日本重工。三井物产和三菱商事被分拆得支离破碎，比如有些更名为第一物产等，总之作为商号被禁止使用。但是"旧金山对日和约"生效前后，这一GHQ的命令事实上被解除，各相关企业获得使用财阀商号的许可。

使用三井、三菱、住友的商号，从经营上来看具有重要的意义。特别是对于外国的商家而言，商号是获得认可的重要标志，因此有必要确定哪些企业可以使用及具体使用何种商号。在过去，财阀同族和控股公司掌握商号的命名权，像大正海上这样的企业，明明是三井的相关企业却得不到同族的认可，无法使用三井的商号，最后只能以三井的旁系企业收场。财阀解体之后，管理商号的主体随之消失。值此商号复活之机，社长会承担起管理商号的职能。

此后，富士银行系、三和银行、第一银行系的社长会陆续成立，但这些并不意味着财阀的复活。

除了商号复活的问题之外，社长会经常讨论的问题还有企业在经营中遇到的实际问题。

表15-2所示为企业经营所遇问题的重要案例——1950~1952年财阀系企业借款依存度过高的问题。这一时期，财阀系企业资金中40%~50%依赖于集团内银行的贷款。由于没有1950年前的数据，我们不便进行比较。不过，1945年在军需融

资指定金融机构制度下财阀企业的借款依存度接近100%。此后虽一度有所下滑，但"道奇方针"（Dodge Line，1949）出台后依存度迅速上升。

表 15 – 2　三大财阀系企业的借款依存度及融资集中度

单位：%

		1950 年	1951 年	1952 年
住友系 7 家	借款依存度 A	48.0	47.6	49.8
	借款依存度 B	29.5	28.7	29.8
	融资比例	5.5	4.6	4.8
三菱系 10 家	借款依存度 A	33.8	34.0	33.7
	借款依存度 B	22.0	23.7	16.3
	融资比例	10.8	9.0	7.4
三井系 12 家	借款依存度 A	30.9	26.8	28.4
	借款依存度 B	14.4	13.9	17.6
	融资比例	13.3	10.3	14.5
		1952 年	1953 年	1954 年
住友系 9 家	借款依存度 A	55.3	52.0	55.3
	借款依存度 B	26.1	24.3	27.5
	借款依存度 C	32.7	35.3	34.9
	融资比例	8.1	8.5	11.3
三菱系 15 家	借款依存度 A	45.5	37.4	44.0
	借款依存度 B	21.6	16.4	15.7
	借款依存度 C	25.8	21.1	22.1
	融资比例	16.3	11.3	11.0
三井系 15 家	借款依存度 A	30.8	32.2	33.9
	借款依存度 B	17.7	18.1	20.1
	借款依存度 C	19.7	19.7	24.9
	融资比例	15.6	14.8	13.6

注：依存度 A = 同系列金融机构借款／（总借款—政府性金融机构借款）

　　依存度 B = 同系列银行借款／总借款

　　依存度 C = 同系列金融机构借款／总借款

　　融资比例 = 同系列企业借出款／总借出款

资料来源：宫岛英昭「財閥解体」法政大学産業情報センター編『日本経済の発展と企業集団』、232 頁。

以住友系的企业为例，住友系企业对住友银行的依存度（依存度 B）接近 30%，如果加上住友系的生命保险、一般保险及信托等金融机构的话，这一比例超过 50%。也就是说，住友系企业的半数借款来自集团内部。类似的状况也发生在三井和三菱两大集团。但住友显然是内部结合度、融通度更高的集团，其原因或许在于其社长会起步较早。比较而言，三井和三菱借款的集中程度较低，社长会成立也相对滞后。从这里也可以看出以社长会为中心的集团企业协调机制对于集团内资金融通的重要性。

这一体制就是所谓主银行制度的雏形。不过，对于银行而言，对集团内企业的融资比率整体上不高，而且还呈下降趋势，这是因为这时的银行也倾向于分担风险，不会把过多的融资集中投放给集团内特定的企业。

在这一时期结合趋势比较强的不仅限于金钱，还有人员的流动。根据宫岛英昭对三菱银行进行的个案研究，三菱银行通过向三菱系的重工、制纸、地所、电机等企业派遣职员等方式构筑了紧密的人际网络。仅 1951 年前后，三菱银行就派遣了大量人员到三菱系企业。① 集团企业间的人事关系伴随着主银行制的成立而更加紧密。

该时期另一个重要变化是 1952 ~ 1953 年《禁止垄断法》的修改。该法修改之后，银行等法人对相关企业的持股限制被放宽。这给集团企业提供了互持股票的机会。此前受到占领改

① 宫島英昭「財閥解体」法政大学産業情報センター編『日本経済の発展と企業集団』。

革的影响，企业自持股票不得不委托集团外的证券公司以名义人来购买。《禁止垄断法》修改以后，不仅集团内的保险公司、信托银行可以购买其股票，而且集团内的各家企业之间也可以互持股票。

在此背景下，以 1952 年为起点，集团内股票交叉持有的比例快速上升。如表 15 - 3 所示，变化最剧烈的是从 1951 年到 1952 年。表 15 - 3 所示的互持比例是指集团内企业持股与企业总发行股票的比例。以三菱为例，1951 年的互持比例为 2.7%，到了 1952 年增加至 9.8%，1953 年则为 10.6%。住友在同时期从 0.3% 增加至 11.2%。三井如前所述，集结能力相对较弱，只从 1.9% 提升到 5.2%，背后也跟三井物产所遭受的破坏性打击有关。

表 15 - 3　企业集团的交叉持股比例

单位：%

年份		1951	1952	1953	1954	1956	1958
三菱	互持比例	2.7	9.8	10.6	11.5	11.6	14.1
	银行	0.6	1.5	1.9	1.8	2.1	2.5
	信托	1.0	2.7	2.6	3.0	1.0	3.7
	生命保险	0.3	2.3	2.2	2.5	3.4	3.0
	一般保险	0.4	2.8	3.0	3.4	3.5	3.2
	其他	0.3	0.6	0.9	0.9	1.5	1.8
住友	互持比例	0.3	9.5	11.2	14.0	14.7	17.1
	银行	0.0	2.0	1.8	2.7	2.9	3.7
	信托	0.2	3.3	3.6	4.0	2.1	3.1
	生命保险	0.0	1.6	1.5	2.0	2.7	3.1
	一般保险	0.0	1.0	1.0	1.3	1.4	1.4
	其他	0.1	1.6	3.3	4.1	5.6	5.8

年份		1951	1952	1953	1954	1956	1958
三井	互持比率	1.9	4.0	5.2	5.8	6.2	6.7
	银行	0.2	0.5	0.9	1.0	1.1	1.3
	信托	0.3	0.7	0.6	0.5	0.1	0.8
	生命保险	0.0	0.2	0.0	0.0	1.0	1.3
	一般保险	0.5	0.9	1.5	1.5	1.6	1.0
	其他	0.9	1.7	2.3	2.8	2.3	2.3

资料来源：橘川武郎「戦後型企業集団の形成」法政大学産業情報センター編『日本経済の発展と企業集団』、264 頁。

整体而言，集团内交叉持股的比例在 1952 年前后呈现出快速上升势头。主银行制度的成立、集团内企业人员流动及《禁止垄断法》的修改是导致这一趋势的重要因素。

受到《禁止垄断法》修改的影响，大正海上（三井系）、阳和不动产（三菱系）等旧财阀企业遭遇被抄底的危机。这些企业虽然是旧财阀下属企业，但是经营状况不甚理想。为防止这些企业被兼并，旧财阀的企业集团通过各种方式回购这些企业的股票，以确保其作为旧财阀企业的底色。其中就有江户英雄（三井不动产）通过做空账户等非法方式来购买股票的所谓"三井不动产事件"。当然类似的事件在当时并未被发觉，直到 30 多年后才被公之于众。

股票尽可能分配给"同一口锅吃饭"的集团内企业。三井的话，就共享给三井商号的企业；三菱的话，则共享给三菱商号的企业。而且尤其重要的是，集团企业间彼此互买对方的股票。交叉持股不仅可以确保相对稳定的股东，同时还可以保持集团内企业间的平衡关系。

企业集团就是以这种方式实现了高交叉持股比例。这一比例受到集团成员变化的影响，其数据并不具有连续性，但整体而言1952年前后激增是普遍认可的事实。之后一段时间维持了相对稳定的比例，但是到了1960年代这一比例再次上升。

1960年代上升的原因在于资本的自由化。日本的市场较为封闭，对外国资本持排斥态度。但是进入1960年代后，国际社会要求开放日本资本市场的呼声渐涨。企业的经营者最忌惮的就是所谓的"资本自由化"。一旦资本自由化、开放日本市场之后，面对来自欧美等国的大企业、大投资银行，这些习惯了国内竞争的日本企业能否保住企业的经营权存疑。

自视弱小的日本企业随时都有被兼并的风险。为防止被欧美企业兼并，这些企业只有进一步抱团——交叉持股，才能够确保本企业的股票不被欧美企业大幅收购。从有效获得融资的视角来看，这种方式并不可取，但集团内企业彼此互持二成以上的股票，可基本稳定对企业的经营权。只要交叉持股的企业团结一致，并购的难度系数就会升级，这是此时期交叉持股率进一步上升的重要原因。

事实上，在1960年代并没有哪一家日本企业被欧美企业并购，这说明提高交叉持股率这一防御方式是有效的。

高自由度的经营者

如上所述，企业集团通过交叉持股、创造稳定股东成功实现了企业防御。同时，企业集团并非单一主体的组织，各企业的经营者既不用担心被兼并，同时仍然可以保持高自由度。

财阀本社作为稳定股东的时代已经一去不复返，取而代之的企业集团以交叉持股的方式制造稳定股东。这是战后企业的"三等重役"确保经营权的积极尝试。

美国的企业在股票市场上随时都有被收购的风险，因此企业经营者往往通过提高股价（高溢价）等方式来设置收购门槛。相较于追求短期红利的美国股票市场，日本企业并不太介意股价，在资本市场上比较自由。稳定经营也催生了企业的"长期政权"。当然"长期政权"也有弊端。据悉有人担任公司社长长达30多年。

对于最高管理层而言，他们只需要做好企业的内部事务即可。例如，如何提高生产力、引入新技术、推进多元化经营等，做好这些就可以确保企业经营的稳定性。因为企业集团可以保障稳定的外部环境。

那么与企业集团这一组织形式并行的主银行制度、集团内企业人员流动等形式又扮演了什么样的角色呢？第一，集团内企业人员流动可以盘活企业间的交流，了解彼此的经营状态，通过人的流动带动信息的交换和资源的共享是这一形式的最大作用。

第二，主银行制在资金供给这一块发挥重要作用。关于这个问题需要从两个方面来看，一是企业遇到困难时最后能够提供贷款的"救命稻草"角色。如果该企业具有成长潜力，其实不需要企业内的银行融资也会有别的银行伸出援手，也就是说这时企业内的银行不需要扮演"救命稻草"的角色。

二是企业的潜力不为外界所知，只能依靠内部的主银行提供资金的情况。这时主银行就会扮演重要的角色，因为它握着毁掉或者成就一个未来大企业的决定权。

橘川五郎对上述问题进行了非常透彻的分析。他对1953年和1960年主银行对三井系、三菱系、住友系等企业集团所属企业的资金供给进行了比较调查。其中，1953年主银行对同系列的海运业和煤炭业企业的融资比率相对较低，但是以日本开发银行为中心的政府性资金将其作为重点产业积极提供融资。因此，在这两个重点产业领域，主银行反而没有参与融资。因为在主银行体制之外，有政府这个大金主。既然政府将其认定为重点产业，那么积极提供融资也是理所当然的事情了。

这一比例在进入经济高速增长期后继续下降。1960年，产业间的差别已经缩小。这一时期，同系列内银行等金融机构对煤炭、海运等"夕阳产业"的融资比率比电气机械、钢铁、石油化工等"成长产业"要低。也就是说，以主银行为中心的企业集团内金融机构更倾向于向成长型企业提供资金，相对衰落的产业则通过政府的补助金或者开发银行的低利率贷款获得资金。总而言之，主银行制度与政府的政策性金融组合在一起发挥作用。

换言之，企业集团自身筹措充分的资金，这时政策性金融扮演了补充的角色。在政企分工的体系下，主银行的功能性得以凸显。从这个角度出发，或可理解企业集团与主银行制度并存的理由。

企业集团的主要功能大致如上。此外，诸如宫崎义一指出的那样，社长会在计划大型合作项目等领域亦可发挥独特的作用。至于是否真正发挥了作用，这一问题仍然有争议。宫崎认为，以社长会为中心的企业集团具有较强的凝聚力，而橘川武郎则不这么认为。在我看来，这要结合具体的情况进行分析，因为两者都没有给出有说服力的实证。

但毋庸置疑的是，加入企业集团的企业在进入 1960 年代资本自由化时期后，在日本经济中扮演的角色越来越重要。随着富士、三和及第一劝业银行①等新企业集团的出现，需要像思考战前财阀的地位那样来考察企业集团的作用。这是笔者今后重点研究的课题。

通过以上论述可以看出，财阀与企业集团在组织原理上有显著差异。特别是战后的企业集团在创造稳定股东，以及企业经营者的自由度上，相较于战前的财阀有明显的改善。这是橘川武郎特别强调的地方。② 企业集团也有短板，如前文指出的那样，年轻的经营者有一线工作的经历，但是并不擅长财务等领域，结果到了 1980 年代泡沫经济期后，财务作假等问题屡见不鲜。总体而言，纵观二战前近 80 年的财阀史，财阀基本上能够顺应时代的潮流灵活调整其组织经营。二战后经历了财阀解体之后，新组成的企业集团也继承了财阀的正面遗产。在提高日本企业的竞争力等方面，企业集团所发挥的作用值得积极评价。

---

① 富士集团是旧安田财阀、浅野财阀、大仓财阀企业组成的企业集团，其主力为富士银行（现在瑞穗银行的前身），又称芙蓉集团，代表性企业有瑞穗银行、日产汽车、丸红、日立制作所等；三和集团是旧鸿池财阀和山口财阀企业组成的企业集团，代表性企业有神户制钢所、帝人制丝、高岛屋、小林制药等；第一劝业银行集团是旧涩泽财阀、古河财阀、神户川崎财阀企业组成的企业集团，代表性企业有古河电工、富士电机、川崎重工、资生堂等。——译者注

② 橘川武郎『日本の企業集団：財閥との連続と断絶』。

参考文献

青木一男『聖山随想』日本経済新聞社、1959。

麻島昭一『戦間期住友財閥経営史』東京大学出版会、1983。

安部武司「政商から財閥へ」、法政大学産業情報センター編
　　『日本経済の発展と企業集団』東京大学出版会、1992。

E. M. ハードレイ『日本財閥の解体と再編成』東洋経済新報
　　社、1973。

石井寛治『大系日本の歴史 12』小学館、1989。

石井寛治『日本の産業化と財閥』岩波書店、1992。

梅津和郎『成金時代』教育社、1978。

大蔵省財政史室編『昭和財政史　終戦から講和まで　2 独占禁
　　止』東洋経済新聞社、1982。

小倉信次『戦前期三井銀行企業取引関係史の研究』泉文堂、
　　1990。

春日豊「戦時体制への移行と財閥の再編成」『三井文庫論叢』
　　21 号、三井文庫、1987。

粕谷誠『豪商の明治：三井家の家業再編過程の分析』名古屋
　　大学出版会、2002。

粕谷誠・武田晴人「両大戦間の同族持株会社」『経済学論集』

56 巻 1 号、1990 年。

桂芳男『総合商社の源流——鈴木商店』日経新書、1977。

橘川武郎『日本の企業集団：財閥との連続と断絶』有斐閣、
　　1996。

橘川武郎「戦後型企業集団の形成」法政大学産業情報センタ
　　ー編『日本経済の発展と企業集団』東京大学出版会、
　　1992。

小林正彬『日本の工業化と官業払下げ』東洋経済新報社、
　　1977。

斎藤尚文『鈴木商店と台湾：樟脳・砂糖をめぐる人と事業』
　　晃洋書房、2017。

沢井実「戦時経済と財閥」法政大学産業情報センター編『日
　　本経済の発展と企業集団』、東京大学出版会、1992。

柴垣和夫『日本金融資本分析』東京大学出版会、1965。

下谷政弘「いわゆる「財閥」考」『住友史料館報』49 号、2018。

城山三郎『鼠——鈴木商店焼打ち事件』文藝春秋、2011。

末岡照啓「明治維新期の住友」『住友史料館報』20 号、1990。

鈴木邦夫「財閥から企業集団・企業系列へ」、『土地制度史学』
　　135 号、1992 年。

関口かをり・武田晴人「郵便汽船三菱会社と共同運輸会社の
　　「競争」実態について」『三菱史料館論集』11 号、2010 年。

高橋亀吉『日本財閥の解剖』中央公論社、1930。

高橋亀吉『大正昭和財界変動史』中巻、東洋経済新報社、
　　1955。

高橋伸夫『経営の再生：戦略の時代・組織の時代』有斐閣、1995。

武田晴人『帝国主義と民本主義』集英社、1992。

武田晴人『談合の経済学：日本的調整システムの歴史と論理』集英社、1994。

武田晴人『新版　日本経済の事件簿：開国からバブル崩壊まで』日本経済評論社、2009。

武田晴人『岩崎弥太郎：商会之実ハ一家之事業ナリ』ミネルヴァ書房、2011。

武田晴人『鈴木商店の経営破綻：横浜正金銀行から見た一側面』日本経済評論社、2017。

武田晴人『岩崎小禰太：三菱のDNAを創り上げた四代目』PHP研究所、2020。

武田晴人『日本人の経済観念：歴史に見る異端と普遍』岩波書店、2008。

武田晴人「古河商事と大連事件」『社会科学研究』32巻2号、1980年。

武田晴人「第一次大戦後の古河財閥」『経営史学』15巻2号、1980年。

武田晴人「明治前期の藤田組と毛利家融資」『経済学論集』48巻3号、1982年。

西野喜與作『住友コンツェルン読本』春秋社、1937。

日本経営史研究所編『創業100年史』古河鉱業、1976。

橋本寿朗「財閥のコンツェルン化」法政大学産業情報センタ

一編『日本経済の発展と企業集団』、東京大学出版会、
　　1992。

畠山秀樹『住友財閥成立史の研究』同文舘、1988。

旗手勲『日本の財閥と三菱』楽游書房、1978。

松元宏『三井財閥の研究』吉川弘文館、1979。

三井文庫編『三井事業史』三井文庫、本篇第二巻、1980、本
　　篇第三巻上、1980、本篇第三巻中、1994、本篇第三巻下、
　　2003。

宮崎義一『戦後日本の経済機構』新評論、1966。

宮島英昭「財閥解体」法政大学産業情報センター編『日本経
　　済の発展と企業集団』東京大学出版会、1992。

持株会社整理委員会『日本財閥とその解体』1951。

森川英正『財閥の経営史研究』東洋経済新報社、1980。

森川英正『日本財閥史』教育社、1978。

森川英正『日本経営史』日本経済新聞社、1981。

森川英正編『経営者企業の時代』有斐閣、1991。

安岡重明『財閥の経営史：人物像と戦略』社会思想社、1990。

山崎広明「"ドル買い"と横浜正金銀行」山口和雄・加藤俊彦
　　編『両大戦間の横浜正金銀行』日本経営史研究所、1988。

山本一雄『住友本社経営史』京都大学学術出版会、2010。

『稿本三井物産株式会社一〇〇年史』日本経営史研究所、
　　1978。

『日本銀行百年史　第三巻』日本銀行、1983。

『三井八郎右衛門高棟伝』三井文庫、1988。

译后记

　　财阀在日本是非常特殊的存在，中国读者听闻三井、三菱、住友者甚众，但是熟谙其来龙去脉者寥寥。因为三井、三菱、住友所代表的不仅是一家企业，还是富可敌国的企业集团。众所周知，日本在明治维新之后施行文明开化、殖产兴业、富国强兵的"三大国策"。而财阀至少在殖产兴业和富国强兵这两大国策中扮演了重要角色。当然从负面意义来看，财阀也深度参与了明治维新之后日本的历次对外扩张行动，所以才有了战败后遭到GHQ当局解体的结局。本书主要讨论从明治维新到日本战败前后近80年的财阀史，详细回顾了财阀形成、发展、演变及分化组合的过程，为中国读者了解财阀及日本经济提供了更加多元的视角。

　　武田晴人是日本东京大学名誉教授，堪称"财阀研究第一人"，虽然在本书中他将学术前辈森川英正先生定义为"第一人"。武田教授著述颇丰，尤其擅长经济史和经营史。不过对于我这个经济学的门外汉而言，跟他的交集则在财阀这一领域。武田教授关注财阀成立的来龙去脉以及在日本近代化过程中的位置，而我则关注财阀如何与政治产生关系，以及由此衍生出来的所谓"政官财铁三角"运作机制。抱着对财阀政治的关心及对武田教授的敬仰，我曾拜托同事戴晓芙教授联系武田教授本人。2019 年 5 月赴日调研出差期间，在东京大学附近的三菱史料馆拜访了欣然应允的武田教授。

本书能够翻译成中文，得益于社科文献出版社编辑李期耀博士的积极推动。2019 年末，在与期耀兄的交流中得知他有意编辑财阀史系列的译丛，我便向其推荐了武田教授的这本《财阀的时代》。凭借着在三菱史料馆的一面之缘以及此前的邮件联系，武田教授当即惠允中文版出版事宜。虽受到新冠肺炎疫情的影响，翻译过程中遇到具体问题时无法当面向武田教授请教，但是通过电子邮件仍然顺利解决了。

我十分享受这本书的翻译过程，因为翻译此书完全出于对翻译的兴趣及对学术研究的热爱。由于此前发表过军工利益集团及战时日本军工产业的论文，正想以此为契机深挖一下日本的财阀政治，本书的观点及所提供的文献资料也成为我接下来财阀研究的路线图。当然，翻译的过程中也往往会为一个专业术语而绞尽脑汁，如何避免"翻译体"，考验的不仅是译者的日文能力，同时还有转化成合适母语中文的能力，在这一点上自认为还有很长的路要走，而本书的翻译只是一个尝试。

一本著作的翻译完成，离不开各位友人、同事的帮助和支持。北京天驰君泰律师事务所上海分所合伙人律师杨小萍博士（也是我在名古屋大学攻读博士期间的研究室同窗）、苏州科技大学奚伶博士在法律及经济专业术语上给我提供了必要的帮助。同事贺平教授在我翻译完成后第一时间通读了译稿，并对译文中的表述给出了积极的修改建议，让我避免了部分低级失误。最后要感谢我的太太宋晓煜博士，她是一位专业的研究人员，也是一位负责任的翻译者，在承担学术研究的同时还承担起培养女儿的重任，我们在育儿和研究的过程中彼此成长、共同进步。

　　当然书中翻译错误难免，对此文责自负。

王广涛

2021 年 3 月下旬

复旦燕园樱花盛开时

图书在版编目（CIP）数据

财阀的时代／（日）武田晴人著；王广涛译. -- 北
京：社会科学文献出版社，2021.5
ISBN 978 - 7 - 5201 - 8156 - 3

Ⅰ.①财… Ⅱ.①武… ②王… Ⅲ.①日本财团 - 研
究 Ⅳ.①F279.313.9

中国版本图书馆 CIP 数据核字（2021）第 054972 号

财阀的时代

著 者／〔日〕武田晴人

译 者／王广涛

出 版 人／王利民

责任编辑／李期耀

出 版／社会科学文献出版社
　　　　　地址：北京市北三环中路甲 29 号院华龙大厦　邮编：100029
　　　　　网址：www.ssap.com.cn

发 行／市场营销中心（010）59367081　59367083

印 装／三河市东方印刷有限公司

规 格／开 本：889mm × 1194mm　1/32
　　　　　印 张：9.125　字 数：195 千字

版 次／2021 年 5 月第 1 版　2021 年 5 月第 1 次印刷

书 号／ISBN 978 - 7 - 5201 - 8156 - 3

著作权合同
登 记 号／图字 01 - 2021 - 0655 号

定 价／79.00 元